Anton Baumann

Grürdlicher Unterricht und Regeln des Billardspiels

Anton Baumann

Gründlicher Unterricht und Regeln des Billardspiels

ISBN/EAN: 9783743457492

Hergestellt in Europa, USA, Kanada, Australien, Japan

Cover: Foto ©Lupo / pixelio.de

Manufactured and distributed by brebook publishing software (www.brebook.com)

Anton Baumann

Gründlicher Unterricht und Regeln des Billardspiels

Gründlicher Unterricht und Regeln des Billard-Spieles.

Herausgegeben für Jedermann, der eine richtige Kenntniß dieses edlen Spieles verlanget,

von

Anton Baumann.

Wien, 1795.
Auf Kosten des Verfassers.

Vorrede.

Nie hätte ich geglaubt, daß ich mit der Zeit noch etwas über das Billard-Spiel schreiben würde; denn von keinem Spiele hatte ich sonst weniger Kenntniß als von diesem. Kaum kannte ich solches dem Nahmen nach; und ob ich gleich oft Gelegenheit hatte, mich davon zu unterrichten, so fehlte es mir doch an Neigung dazu. Oft wunderte ich mich, wie sich so viele Personen Stunden lang damit beschäftigen könnten. Aber nicht selten lernt man eine Sache erst mit der Zeit schätzen;

Vorrede.

und so gieng es mir in Ansehung des Billard-Spiels. Ich ward selbst Besitzer eines Billards, bloß um meinen Freunden bey ihren Besuchen eine Unterhaltung zu verschaffen, die ihnen angenehm wäre. Sie suchten mich zu bereden, auch Theil daran zu nehmen, und das Spiel zu lernen. Seit dieser Zeit habe ich die Schönheiten und den Nutzen desselben erst genau kennen lernen, und viel Geschmack daran gefunden. Weil ich aber in der Folge oft wahrnehmen mußte, daß unter den Spielenden, wegen des Touchirens, Billardirens, Quarambolirens, Sprengens und anderer dabey vorfallenden Umstände häufige Zweifel und Irrungen entstanden, die bey zanksüchtigen Spielern sehr leicht in ernsthaften Streit ausarten können; so nahm ich mir von dieser Zeit an vor, das Spiel genau zu beobachten, um alle bey jeder Art desselben vorkommende Fälle und den Gewinn oder Verlust derselben sorgfältig zu bemerken, und die

Vorrede.

Lücke welche ich in den Billard-Reglements fand, zu meinem Privatgebrauche auszufüllen; welches ich, um sowohl meinem Gedächtnisse zu Hülfe zu kommen, als auch die Spieler belehren und bey streitigen Fällen aus einander setzen zu können, zu Papiere brachte. Und dieses war die Veranlassung zur Abfassung dieser Anweisung. Ich nehme mir daher auch keinesweges das Recht heraus, mich zum Gesetzgeber der Billard-Spieler zu machen, oder schmeichle mir bey diesem geringen Versuche mit dem Gedanken, bereits etwas vollkommenes geleistet zu haben; vielmehr bin ich von der Unvollkommenheit desselben so sehr überzeugt, daß ich es nie gewagt haben würde, solchen dem Publikum vor Augen zu legen, wäre es nicht geschehen, um den Wünschen meiner Freunde zu willfahren.

Aus diesem Gesichtspunkte ist demnach meine Arbeit zu betrachten, bey wel-

Vorrede.

cher ich nichts mehr wünsche, als daß dereinst ein geschickterer Kenner des Billard-Spiels aufs neue Hand anlegen möchte, um an diesem Versuche das zu ergänzen, was ihm noch an seiner völligen Ausbildung fehlen dürfte.

Der Verfasser.

Erstes Kapitel.
Von dem Billardspiele überhaupt.

Hoffentlich wird es nicht am unrechten Orte angebracht seyn, wenn wir hier von dem Billardspiele überhaupt und besonders von dessen Schönheit, Nutzen und Vergnügen; mithin von dessen Vorzügen vor andern Spielen etwas weniges sagen.

Wenn wir dieses Spiel

a) Schön oder vortrefflich nennen; so verstehen wir darunter, wie leicht zu erachten, nicht etwan in die Augen fallende vorzügliche äußerliche, sondern gleichsam eine sittliche Schönheit, welche sich besonders darin äußert: 1) Daß es von allem, bey andern Arten von Spielen sehr öfters sich einschleichenden Falschspielen, Chicaniren, Hazardiren und andern unangenehmen Vorfällen beynahe gänzlich befreyet, und also ein Billardspieler weit mehr, als ein anderer Spieler, des Mißvergnügens, sich beym Spiele zu ärgern, fast jederzeit überhoben ist. 2) Weil es von der Mechanik seinen Ursprung, und dieses so angenehme Studium darauf einen sehr starken Einfluß hat; weil dieses Spiel sich beynahe völlig darauf gründet. 3) Schön wird auch dieses Spiel allemahl in den Augen desjenigen Spielers seyn, welcher ihm eine besondere Aufmerksamkeit widmet, und auf den bisweilen ganz unvermutheten und unerwarteten Gang, Wendung und Lauf der Bälle und ihre Wirkung auf und gegen einander genau Achtung giebt.

b) Der **Nutzen**, welchen das Billardspiel gewährt, bezieht sich auf den menschlichen Körper; denn 1) dient es uns, außer dem Vergnügen und Zeitvertreibe, welchen es uns verschafft, auch allerdings zu einer vortheilhaften Leibesbewegung, weil wir hierdurch nicht nur unsern Körper und den größten Theil der Glieder an demselben in eine unserer Gesundheit sehr zuträgliche Bewegung zu setzen, sondern auch uns, durch anhaltendes Spielen, so gar zu ermüden Gelegenheit haben. Es kann daher dieses Spiel allerdings die Stelle des Spazierengehens vertreten, wenn wir uns im Sommer nicht der Sonnenhitze, und im Winter nicht der Kälte und dem Ungestüme aussetzen wollen. Nach genoßner Mahlzeit ist dieses Spiel, gleich allen andern Leibesbewegungen, dem Körper am zuträglichsten und dienlichsten. 2) Verschafft es unsern Nerven und besonders dem Arme eine gewisse Festigkeit und Stärke. 3) Erlangen wir durch Abmessung des Stoßes der Kugeln auf das Ziel, welches wir wählen, eine gewisse Fertigkeit in dem so genannten Augenmaße. 4) Erhalten unsere Augen durch die grüne Farbe des Tuchs, womit gemeiniglich die Billardtafeln überzogen sind, viel Stärke; denn es ist eine bekannte und von den Aerzten schon längst erwiesene Wahrheit, daß die grüne Farbe das Auge ungemein stärkt.

c) Von dem mannigfaltigen **Vergnügen**, welches mit diesem Spiele verbunden ist, und von den Vorzügen, welche es dadurch vor andern Spielen erhält, wollen wir nur gedenken: daß 1) der Spieler hier mehr als bey andern Spielen Gelegenheit hat, sich seine Gesellschafter nach eigenem Geschmacke zu wählen; 2) vieler in andern Spielen beynahe unvermeidlicher Verdrüßlichkeiten überhoben ist; 3) seine Gegner heimlich keine unerlaubten Vortheile und gewinnsüchtige Denkungsart verrathende Kunstgriffe anwenden können; 4) er sich meistentheils in einer ihm und seinem Stande gleichen und angemeßnen Gesellschaft befindet; 5) Zänkerey und Uneinigkeit sich sehr selten in dieses Spiel mengt; 6) er sich hierbey an einem solchen Orte, oder doch wenigstens in einem solchen Zimmer befindet, wo Personen vom niedrigsten Stande der Zutritt versagt und er also hierbey nicht in die Nothwendigkeit versetzt ist, schmutzige Gespräche mit anzuhören, oder andere sein Vergnügen verringernde Unbequemlichkeiten zu ertragen.

Wir dürfen uns daher nicht wundern, wenn die Anzahl der Liebhaber dieses Spiels sich täglich mehrt; wir wünschen vielmehr, daß ein jeder derselben daran immer mehr Geschmack finden und dieß Vergnügen in seiner völligen Größe genießen, das Spiel selbst aber alle andere läppische, pöbelhafte, gefährliche und geldfressende Spiele verdrängen möge.

Zweytes Kapitel.

Französische und Deutsche Benennung, Beschreibung und Benutzung der dazu gehörigen und benöthigten Instrumente.

A.) Französische Benennungen.

Das Billard, oder die Billardtafel, ist eine viereckige, fünf bis sechs Ellen lange und gemeiniglich halb so breite, auf sechs Füßen ruhende, rings herum mit einer aufwärts stehenden Kante, Bande genannt, versehene, und mit Tuche überzogene Tafel. Das Tuch ist gewöhnlich von grüner und nur selten von anderer Farbe. An jeder Ecke und Seite in der Mitte der Tafel, ist eine halbe Rundung eingeschnitten, unter welcher ein gestrickter Beutel befestigt ist, in welchen die Bälle fallen.

2) Queues sind von oben herunter spitzig zu laufende, mithin kegelförmige Stäbe, die jedoch unten auf einer Seite abgestumpft sind, und zur Fortstoßung der Bälle gebraucht werden.

3) Maas oder die Masse, ist ein Stab, woran unten ein Holz, der Massenschuh genannt, befestigt ist, das ungefähr die Gestalt einer unten eingebogenen kleinen Schippe hat. Dieses Instruments bedienen sich diejenigen, welche nicht mit Queues stoßen können, andere aber gebrauchen dasselbe nur in dem Falle, wenn sie den Ball mit dem Queue nicht erreichen können, gleichwohl aber nicht tourne' stoßen, oder sich der sogenannten Landkutsche bedienen wollen. Bey manchen Spielern muß es auch die Stelle des Bockes vertreten.

4) Das Tourne' oder die Landkutsche ist ein sehr langes, beynahe die Länge des Billards habendes Queue. Man bedient sich desselben, wenn der Ball, mit welchem man spielen soll, so weit auf dem Billarde entfernt ist, daß er weder mit einem ordinairen Queue, noch mit einer Masse, noch auch mit Hülfe des Bockes erreicht werden kann.

5) Der Massenschuh ist das an der No. 3. beschriebenen Masse unten befestigte Holz.

6) Die lange Masse ist ein No. 3. beschriebener Stab, welcher aber weit länger, als die or-

binären Massen, und beynahe so lang, als das Billard selbst ist. Man braucht dieses in dem nemlichen Falle, wo man sich des No. 4. beschriebnen Tourne's bedient, wenn man entweder nicht gewohnt ist tourne' zu stoßen, oder durch den Gebrauch dieser langen Masse bey diesem Stoße mehr Vortheil zu erlangen hofft.

7) Die Maschine oder der Bock, auch Krücke genannt, ist ein schwacher Stab, an dessen Ende sich ein kleines Viereck befindet, in welches Vertiefungen eingeschnitten sind, die Spitze des Queues darein zu legen. Von diesem Instrumente wird beym Spielen dann Gebrauch gemacht, wenn man mit dem Queue den Ball nicht erreichen kann, oder wenn es an Platz oder Bequemlichkeit fehlet, das Queue auf die Hand zu legen.

8) Die Billen oder Bälle sind die elfenbeinernen Kugeln, deren man sich zum Billardspiele bedient. Sie sind nach dem Unterschiede der Art des Spiels, zu welchem sie gebraucht werden, der Anzahl, Größe, Bezeichnung, Farbe und Benennung nach folgender Gestalt von einander unterschieden, nämlich:

I. Bey en deux (Partie blanche) werden zwey Bälle gebraucht, welche von einerley Größe, gemeiniglich auch unter allen übrigen die größten sind, und wovon der eine mit einem, der andere aber mit zwey Puncten bezeichnet ist. Diese werden die en deux oder weißen Bälle genannt.

II. Zu Quatambole bedient man sich dreyer Bälle, wovon zwey einerley Größe haben, der dritte aber etwas kleiner ist. —

Zu den beyden größern bedienet man sich gemeiniglich der en deux Bälle, deren Bezeichnung so eben angegeben worden; der dritte etwas kleinere ist, um sich von den andern beyden auszuzeichnen, von rother Farbe. — Die beyden größern werden die Spielbälle, der dritte kleinere der Quarambóleball genannt.

III. Cinq = Quarambole, (die spanische Parthie) wird mit fünf Bällen gespielt, wovon zwey von einerley Größe, die übrigen drey aber etwas kleiner sind. — Die Stelle der beyden großen können die en deux Bälle vertreten, deren Bezeichnung wir Nro. I. angegeben haben.

Von den drey kleinern ist einer roth, einer blau, der dritte aber gelb — Die beyden großen werden die Spielbälle, die drey kleinern aber die Cinq = Quarambolebälle genannt.

IV. Zu à la Ronde sind dreyzehen Bälle erforderlich, wovon zwölfe von einerley Größe sind, der dreyzehnte aber ist etwas größer. Hierzu kann ein en deux Ball gebraucht werden. — Diese dreyzehn Bälle bedürfen insgesammt keiner Bezeichnung. — Die zwölf ersteren werden die à la Ronde Bälle, der dreyzehnte etwas größere aber der Current=Ball, oder Laufer, oder auch der Spielball genannt, welche Stelle einer von den oben Nro. 1. beschriebenen en deux Bällen vertreten kann.

V. In à la Guerre werden so viel Bälle gebraucht als Personen spielen. Sämmtliche Bälle sind von einerley Größe, und mit eben so viel Numern bezeichnet, als Personen spielen.

Auch haben sie keine besondere Benennung,

sondern jeder spielt immer mit dem ihm durchs
Loos zugefallenen Balle.

VI. Bey à la Figaro (Pyramideln) ist die Anzahl der Bälle zwar willkührlich; doch muß sie sich jederzeit, ausser dem Balle, mit welchem gespielt wird, wenigstens bis auf zwölfe erstrecken. — Sie sind insgesammt, wenigstens am schicklichsten von einerley Größe; denjenigen ausgenommen, mit welchem gespielt und wozu, wie in à la Ronde, ein en deux Ball gebraucht wird.

Auch müssen sie wie in à la Ronde mit eben so viel fortlaufenden Numern bezeichnet seyn, als Personen spielen. Sie haben keine besondere Benennung, sondern werden nach den darauf gezeichneten Numern, z. E. die Eins, die Zwey, die Drey u. s. w. benennt; derjenige aber, mit welchem gespielt wird, heißt, wie in à la Ronde der Currentball, oder Laufer oder auch der Spielball.

B) **Deutsche Benennungen.**

1) Die Billardtafel oder das Billard. S. oben A. Nro. 1.

2) Die Banden oder die Leisten, sind die auf dem Rande der Billardtafel herum befindlichen, gleichfalls mit Tuche von der nämlichen Farbe überzogenen Kanten oder Erhöhungen.

3) Die Leisten oder die Banden. S. Nro. 2. Banden.

4) Die Masse oder Maas. S. oben A. Nro. 3.

5) Die Landkutsche oder Tourne'. S. oben A. Nro. 4.

6) Der Maſſenſchub. S. oben A. Nro. 5.
7) Die lange Maſſe. S. oben A. Nro. 6.
8) Der Bock oder die Maſchine, auch
9) Die Krücke genannt. S. oben A. No. 7.
10) Die Bälle oder Billen. S. oben A. Nro. 8.

Drittes Kapitel.

Von der eigentlichen und nothwendigen Beſchaffenheit eines Billards und der dazu nöthigen Inſtrumente.

I. **Von der eigentlichen und nothwendigen Beſchaffenheit eines Billards.**

Iſt bey einem Produkte von dem Profeſſioniſten Genauigkeit, Fleiß und Mühe anzuwenden; ſo iſt es gewiß bey dem Billard, und den dazu benöthigten Inſtrumenten. Denn da es unſtreitig und ausgemacht iſt, daß aus deſſen regelmäßigem Baue und Stellung auch nothwendig ein accurates Spiel entſtehen muß; ſo iſt auch im Gegentheil gewiß, daß das Billard, wenn dieſe beyden Stücke mangeln, nicht allein für ſich, ſondern auch das Spiel an ſeinem Werthe viel verlieret. Ueberdieß wird auch das Vergnügen, welches wir uns dadurch zu verſchaffen gedenken, ſehr vermindert. Wir ſind zwar weder fähig noch Willens, denjenigen, deren Profeſſion es mit ſich bringt, Billards, und die dazu benöthigten Werkzeuge zu verfertigen, hier eine ſyſtematiſche Anleitung und Vorſchrift zu deren Verfertigung zu ertheilen, weil wir von ihrer Kunſt keine Kenntniſſe beſitzen, und eine ſolche Anleitung für ſie immer noch dunkel und unverſtändlich bleiben würde: doch wollen wir, um ſowohl der Abſicht und dem Inhalte dieſer Anleitung, als auch dem Verlangen einiger Freunde Genüge zu leiſten, von dieſem allen ſo viel ſagen, als ſich hier allgemein davon ſagen und beſtimmen läßt. I. Da ein Billard von dem Künſtler die größte Genauigkeit, Fleiß und Aufmerkſamkeit fordert; ſo könnte es füglich einem angehenden Tiſchler zum Meiſterſtücke aufgeben werden. II. Ueberhaupt wird der Verfertiger eines Billards recht hartes und wohl ausgetrocknetes Holz, welches weder ſchwindet noch ſich wirft, hierzu gebrauchen, auch dadurch ſowohl, als auch auſſerdem ſich auf alle mögliche Art befleißigen, daß er durch deſſen Bearbeitung und Verfertigung Ehre und Ruhm erwerbe. III. Es iſt gemeiniglich $4\frac{1}{2}$ Elle oder 5 Ellen lang und jederzeit halb ſo breit, als lang. Mithin hat es vier gleiche Winkel. Die Theile aus welchen es beſteht, ſind folgende:

1) die Füße,
2) das Geſtell,
3) die Tafel, und
4) die Banden.

I.) Der Füße ſind an der Zahl ſechs. Sie müſſen 1) der Höhe, 2) Stärke, 3) Bearbeitung und überhaupt der Simmetrie nach, einander völlig gleich ſeyn. Inſonderheit muß dabey darauf geſehen werden, daß ſie einerley Höhe haben, weil alles darauf ankommt, daß die Tafel auf ſelbigen gleich liege. Außerdem müßte, um dieſem Fehler abzuhelfen, ein Spahn oder dergleichen untergelegt werden, welches aber unſchicklich und daher auf alle mögliche

Art zu vermeiden ist, besonders da solches biswei­len die Nothwendigkeit ohnedieß, wegen Ungleichheit des Platzes, auf welchen es gesetzt wird, erfordert.

Was die Stärke derselben anbetrifft, so ist es sehr wohl gethan, wenn sie, in Verhältniß der Schwere der Tafel, mehr zu stark als zu schwach sind. Denn je stärker sie sind, desto gewisser und fester wird das Billard stehen, und dessen fester und gewisser Stand ist eine von den Haupteigenschaften desselben.

Was die übrige Bearbeitung derselben an­langt, so richtet sie sich nach dem Ganzen: sind die übrigen Theile des Billards künstlich, mit Schnitz- und Laubwerk oder Bildhauerarbeit geziert; so er­fordert Ordnung und Verhältniß an den Füßen die­selbe Bearbeitung: sind aber jene ganz einfach und ohne Schmuck bearbeitet; so würde es überflüßig, ja sogar unschicklich seyn, wenn man nur an den Füßen desselben Kunst und Verzierungen anbringen wollte.

Uebrigens ist hierbey zu merken, daß sie so be­arbeitet seyn müssen, daß die Ecken oder Erhöhun­gen nicht auswärts zu stehen kommen, weil sie viel­leicht die Spieler in ihrem Stande hindern, oder sich daran stoßen könnten.

II.) Das Gestell besteht eigentlich aus 13 Stücken, nämlich: 3 Hauptgestellen, 2 großen Seitenriegeln, 8 Querriegeln; von deren Verferti­gung sich hier weiter nichts sagen läßt, als daß alle diese Stücke nicht nur accurat und genau in einan­der passen, sondern auch dauerhaft gearbeitet wer­den müssen; worauf kunstverständige und Ordnung liebende Meister von selbst bedacht seyn werden.

Wir kommen nunmehr auf das merkwürdigste und wichtigste Stück, nämlich: auf

III.) Die Tafel oder das Blatt.

Diese besteht, wie leicht zu erachten, nicht aus dem Ganzen, sondern ist nach Proportion der Breite der Pfosten, von welchen sie verfertiget wird, aus verschiedenen Stücken zusammengesetzt. Wer aber von dem Billard nur einige Kenntniß hat, wird sehr leicht einsehen, daß dieses unter allen Bestandtheilen des Billards dasjenige sey, welches die meiste Genauigkeit, Aufmerksamkeit und Accuratesse erfordert. Denn wenn man erwägt, daß von Bearbeitung der Tafel das ganze Spiel abhange und ohne regelmäßige Einrichtung derselben sich kein regelmäßiges Spiel denken lasse; so kann wirklich ein Meister bey dessen Verfertigung nicht sorgfältig und behutsam genug verfahren. Alle diese Theile, woraus also diese Tafel besteht, müssen nicht nur jedes besonders glatt, gleich und richtig bearbeitet, sondern auch so eingerichtet werden, daß sie bey Zusammensetzung derselben so genau in und an einander passen, um gleichsam nur ein Stück oder Ganzes auszumachen, damit deren Zusammensetzung beynahe unmerklich und unsichtbar sey, und nicht die geringste Erhöhung, besonders auf der obersten Fläche dadurch entstehe. Ist nun diese genaue und accurate Zusammensetzung berichtigt; so werden zu mehrerer Sicherheit und damit sich keiner von diesen Theilen hinunter oder in die Höhe geben könne, zwey Unterzüge der Länge herunter angebracht, welche den zusammengesetzten Theilen die gehörige Festigkeit und Verbindung verschaffen. Die an jeder Ecke und auf beyden Seiten in der Mitte anzubringenden Löcher müssen zirkelrund, weder zu groß noch zu klein, sondern so bearbeitet seyn, daß sie nicht ziehen, d. i. daß sie nicht tiefer als die Tafel sind. Ist nun das Blatt dergestalt beschaffen, daß an demselben und besonders an dessen obersten Fläche auch nicht das Geringste zu tadeln oder zu verbessern; so wird es alsdann

1) mit Flanell von der feinsten Art so überzogen, daß solcher ganz scharf, jedoch gerade ausgedehnt und an den Seiten scharf angenagelt werde; wobey besonders in Obacht genommen werden muß, daß sich an keinem Orte die geringste Erhöhung oder Vertiefung befinde, weil solche dann in dem darauf zu legenden Tuch aufs neue entstehen würde.

2) Das Tuch wird dann so scharf und so streng als möglich darüber gezogen, und gleichfalls an die Seiten scharf angezweckt. Doch ist bey dem hierzu nöthigen Tuche folgendes zu beobachten:

a) Ist es am besten gethan, wenn es von grüner Farbe, weil solche das Auge nicht blendet, sondern vielmehr stärkt.

b) Weil ein Billard breiter ist, als die Breite der Tücher in unserer Gegend, so thut man sehr wohl, wenn man es zu diesem Behufe besonders fertigen läßt, damit es die Breite des Billards habe, und man dadurch der Mühe das Tuch zusammen sticken zu lassen, überhoben wird. Da auch ohnedieß die dadurch auf dem Billard lang hin entstehende Naht, wenn sie nicht außerordentlich fein und sauber ist, dem Billard sehr vieles von seinem Ansehen benimmt, auch bisweilen eine Ungleichheit oder Erhöhung verursacht.

c) Je feiner das Tuch, desto besser ist es. Denn es ist ganz leicht zu begreifen, daß durch grobes Tuch die Bälle in ihrem Laufe sehr angehalten und ermattet werden, dagegen aber bey feinem Tuche desto geschwinder und ungehinderter laufen können.

Nunmehr kommen wir auf einen Theil des Billards, welcher zugleich auf das Regelmäßige desselben und das Spiel selbst außerordentlich viel Einfluß hat, nämlich auf

IV. Die Banden. (Das Mantenel)

Es sind deren an der Zahl sechs, und zwar: zwey auf jeder Seite, Eine oben und Eine unten. Diese müssen nicht nur außerordentlich regulair, sondern auch besonders so bearbeitet seyn, daß sie auf und an die Tafel ganz genau und so passen, daß, wenn sie an selbige an und aufgelegt werden, man deren Zusammensetzung mit der Tafel beynahe nicht gewahr wird, sondern vielmehr glauben sollte, daß beyde aus dem Ganzen und nicht aus einzelnen Stücken bestännden. An jedem Ende der Bande werden aber Krümmungen eingeschnitten, welche sich sodann an die in der Tafel eingeschnittnen Krümmungen anschließen, mit selbigen gleichsam ein Ganzes ausmachen und die Rundung des Lochs formiren. Der oberste Theil dieser Banden wird mit sogenannten Tuchschroten oder einer andern festen Materie dergestalt derb ausgestopft, daß er nicht derber seyn kann, weil von dieser Festigkeit und Härte der sogenannte Abschlag abhängt, und dieser ohne solche nicht regelmäßig und accurat seyn würde. Nach dieser Ausfüllung werden sie mit Tuche von der nämlichen Couleur überzogen und jede mit 2 Schrauben an de-

Tafel befestigt. Auf dem obersten Theile der Bande werden Borten (ist itzt ausser Mode gekommen) von beliebiger, gemeiniglich gelber Farbe mit Zwecken aufgenagelt, welche aber nicht nach Willkühr, sondern nach dem Cirkel und so anzubringen und aufzusetzen sind, daß dadurch die ganze Länge der Banden in sechs gleiche Theile abgemessen wird. Bey dem ersten Theile werden zwey, bey dem andern drey, bey dem dritten, oder in der Mitte desselben vier, bey dem vierten wieder drey, und bey dem fünften wieder zwey und also zusammen 14 Zwecken angebracht. Sind nun diese Banden ordentlich und scharf auf und an das Billard befestigt; so werden endlich unter den Löchern die Beutel oder Säcke, welche von starkem Bindfaden, der gemeiniglich mit dem Tuche des Billards von einerley Farbe ist, gestrickt, oder welches noch besser ist, geklöppelt sind, folgender Gestalt angebracht. Sie werden nämlich an Leder befestigt und dieses Leder oben auf das Billard, wo die Banden zusammenstoßen, angenagelt. Als eine Zierrath werden gemeiniglich unten an den Beuteln Quasten, welche den Borten der Farbe nach gleich sind, angehängt.

So glauben wir denn den Bau und die Einrichtung eines Billards einigermaßen beschrieben zu haben; es ist daher weiter nichts zu bemerken übrig, als daß wir noch etwas weniges von der Größe und Beschaffenheit des Platzes, der Aufsetzung und Stellung des Billards und dessen Behandlung beybringen.

Was die Größe des Zimmers, in welchem ein Billard aufgestellt werden soll, anbetrifft, so muß solches allerdings sehr geräumig seyn; weil hierbey nicht nur auf die Größe des Billards selbst, sondern auch darauf, daß außerdem auf allen vier Seiten desselben der erforderliche Platz und Raum sey, Rücksicht zu nehmen ist, als welcher um deßwillen nöthig ist, damit nicht allein die Spieler selbst bey ihrer Stellung und Lage, sondern auch mit den Instrumenten, deren sie sich dabey bedienen, und welche bisweilen sehr weit hinter ihnen herausragen, nicht anstoßen und dadurch in ihrem Spiele und Stoße weder gehindert noch gestört werden. Auf jeder von allen vier Seiten desselben muß also hierzu wenigstens drey Ellen Platz seyn. Und hieraus folgt, daß zu einem Billard, welches sechs Ellen lang, mithin drey Ellen breit ist, wenigstens ein Platz der Länge nach von 12 Ellen und der Breite nach von 6 Ellen, demnach ein Viereck von 36 Ellen erforderlich sey, wobey derjenige Raum nicht mit in Anschlag gebracht ist, welchen man noch außerdem auf diejenigen Spieler, welche nicht im Spiele begriffen sind, auf Zuschauer, Gäste und alle andere bisweilen in diesem Zimmer zugleich befindliche Personen, zu rechnen hat, als welche allerdings durch ihre Gegenwart, Stand oder Sitz den Spielern nichts von dem erforderlichen Raume hinwegnehmen dürfen. Denn je größer und geräumiger das Zimmer ist, in welchem sich ein Billard befindet, und je freyer und ungezwungener die Spieler im Spiele selbst sind; desto mehr finden sie hierbey Vergnügen und Annehmlichkeit.

Das Zimmer selbst muß seiner Beschaffenheit nach hell seyn. Hieraus folgt also, daß es genugsame, helle und wo möglich aus Tafelschriben bestehende Fenster haben, reinlich und ausgeweißt seyn müsse, als welches unstreitig auch den Zimmern sehr viel Licht verschafft, das Gegentheil aber verdunkelt sie.

Der Fußboden muß gleich seyn, und keine Löcher, Erhöbungen oder Vertiefungen haben. Der Ofen muß so eingerichtet und verwahrt seyn, daß aus selbigem kein Rauch in die Stube ziehen kann. Die Decke darf nicht tief und niedrig seyn; denn je höher sie ist, je besser ist es. Endlich muß auch, so viel als möglich, alles Tobaksrauchen darin vermieden werden, weil hierbey aller Rauch nicht allein Dunkelheit, sondern auch andere Unbequemlichkeiten für die Spieler verursacht.

Besitzt man nun ein solches Zimmer, welches die erforderlichen Eigenschaften einer Billardstube hat; so ist das Billard in demselben so zu setzen, daß es keineswegs an einen dunkeln Ort oder in eine Ecke des Zimmers gestellt werde, sondern unweit der Fenster einen solchen Platz erhalte, wo das hineinscheinende Tageslicht unmittelbar darauf fallen kann, und daß auch durch diese Stellung das Zimmer selbst geziert, keinesweges aber verunstaltet werde. Daher ist es, wo möglich, und wenn es andere Umstände zulassen, in die Mitte desselben, und dann, (welches überhaupt ein Hauptumstand ist, worauf fast alles ankommt,) senkrecht und nach der Bleywage und dem Richtscheite auf das genaueste zu stellen.

Endlich noch ein paar Worte von dessen Behandlung.

Wenn wir annehmen, daß dem Billardbesitzer sein Billard lieb ist (und dieß können wir doch wohl in allem Ernste voraussetzen, weil sowohl die Anschaffung als Ausbesserung desselben und der dazu gehörigen Dinge, einen keinesweges geringen Aufwand erfordert,) so können wir auch vermuthen, daß er es auf alle mögliche Art schonen und überhaupt
so

so behandeln werde, daß nichts geflissentlich daran schadhaft, mangelhaft oder fehlerhaft werde, oder gar zerbreche, sondern lange benutzt und gebraucht werden könne. Diesen Endzweck aber wird er dadurch erreichen:

1) Wenn er solches sowohl am Tage, wenn nicht gespielt wird, und besonders zu derjenigen Zeit, wenn das Zimmer gesäubert und gereiniget wird, als auch des Nachts, mit einer hierzu besonders bestimmten und entweder aus Leder oder dergleichen bestehenden Decke bedeckt, damit a) kein Staub darauf fallen kann, welcher dem Tuche sehr nachtheilig ist, und sich nach und nach darin fest legt, und b) die Sonne nicht auf das Tuch scheinen und dadurch die Farbe ziehen kann.

2) Wenn er es fleißig von dem beym Spielen selbst sich darein legenden Staube und Unreinigkeiten mit einer Bürste (welche aber nicht allzu scharf seyn darf, damit sie nicht das Tuch selbst angreife, oder die Haare abkürze) oder mit einem hierzu besonders zubereiteten kleinen Besen abkehrt.

II. Von der eigentlichen und nothwendigen Beschaffenheit der dazu nöthigen Instrumente.

Es ist, wie bereits oben gedacht worden, allerdings sehr schwer und erfordert beynahe eine mehr als systematische und mahlerische Beschreibung, die Beschaffenheit dieser Sachen so anzugeben, um sich dem Leser vollkommen verständlich zu machen, und ihm eine genaue Kenntniß davon beyzubringen. Um indessen mich nicht der Schuld einiger Nachläßigkeit theilhaftig zu machen, will ich auch hiervon, soviel ich durch die Feder vermag, jedoch nur kürzlich und im allgemeinen, folgendes anmerken.

Was 1) die Beschaffenheit der Bälle anlangt, so ist es überflüßig, dieselben zu beschreiben, weil einem jeden, auch wenn er noch nie ein Billard gesehen hat, die Gestalt eines elfenbeinernen Balles bekannt ist. Ich finde daher hierbey weiter nichts zu bemerken, als daß jeder en deux Ball gemeiniglich 6 Loth schwer seyn, die übrigen Bälle aber etwas kleiner ausfallen müssen.

2) Die Queues müssen glatt, gleich, rund und ohne Erhöhung und Vertiefung, recht gerade bearbeitet, und der Kopf derselben mit Bleye ausgefüttert seyn, wodurch eben der Ball beym Stoße die erforderliche Force und den benöthigten Druck erhält. Ferner dürfen sie weder zu schwer, noch zu leicht, weder zu lang noch zu kurz, und unten weder zu breit, noch zu spitzig seyn.

Weil in Ansehung der Schwere, der Länge und der Breite die Gewohnheit und der Geschmack der Spieler sehr verschieden ist; so läßt sich von diesem allen, besonders von der Schwere derselben nichts gewisses bestimmen, in Ansehung der Länge aber nur soviel sagen, daß ein Queue gegen 2½ Elle lang seyn müsse: denn es läßt sich immer mit einem langen Queue besser als mit einem kurzen spielen. Daher ist auch die Anzahl derjenigen Spieler, welche sich langer Queues bedienen, gewöhnlich die größte. In Ansehung der Breite oder untersten Stärke ist es am besten, daß ein Queue unten nicht breiter als ein Dreyer sey, weil der Stoß mit einem nicht allzubreiten Queue weit sicherer und gewisser ist, als mit einem breiten. Da jedoch, wie bereits gedacht worden, der Geschmack in Ansehung der Länge und Breite verschieden ist; so muß ein Billardbesitzer darauf bedacht seyn, daß er beyde Arten von Queues und wenigstens überhaupt 12 an der Anzahl in Bereitschaft habe.

3) In Rücksicht des Tourne's oder der Landkutsche findet dasselbe statt, was bereits oben Nro. 2. gesagt worden ist. Uebrigens muß es noch einmahl so lang seyn, als ein ordinaires Queue, und bey einem Billard, welches beynahe 6 Ellen lang ist, wenigstens 5 Ellen in der Länge haben.

4) Die Massen bestehen, wie oben bemerkt worden, aus zwey Theilen, nämlich: a) einem Stabe und b) dem sogenannten Massenschuhe. Sie können daher aus einander genommen, und der Stab an einen andern Schuh, oder der Schuh an einen andern Stab gesteckt werden.

Da aber die Benutzung, der Gebrauch und die Gestalt einer Masse und eines Queues sehr von einander unterschieden sind; so folgt, wie einem jeden der Augenschein lehren wird, daß auch die Bearbeitung eines Massenstabes nicht so viel Fleiß und Genauigkeit erfordere, als die eines Queues.

Da jedoch auch die Gestalt eines sogenannten Massenschuhes so einfach und ungekünstelt ist, so überhebe ich mich der Mühe eine weitere Beschreibung von der Beschaffenheit desselben beyzufügen.

Weil aber der Gebrauch der Masse sehr verschieden ist, und dieselbe nach Beschaffenheit der Umstände bald lang, bald kurz seyn muß; so hat jeder Billardbesitzer dahin zu sehen, daß drey nach diesen Bedürfnissen verschiedene Massen vorhanden sind. Eine derselben muß länger als ein gewöhnliches Queue, die zweyte eben so lang, die dritte aber etwas kürzer seyn.

5) Ist es leicht zu erachten, daß die lange Masse von der ordinairen der Form und Beschaffenheit nach nicht abweiche, und bloß durch die Länge von selbiger verschieden sey; weil sie mit dem oben Nro. 3. beschriebenen Tourne' einerley Länge haben muß.

6) Die Beschaffenheit des Bocks, der Krücke oder Maschine, die wir auch bereits oben beschrieben haben, ist ebenfalls so einfach und ungekünstelt, daß sie beynahe jeder verfertigen kann. Es bleibt daher weiter nichts zu erinnern übrig, als daß der dazu zu gebrauchende Stab von festem Holze seyn müsse; damit er sich biegen lasse, und dadurch nicht zerbreche, weil ihn manche Spieler beym Gebrauche sehr krumm zu halten gewohnt sind.

7) Muß auch ein Würfel vorhanden seyn, weil, wie wir weiter unten gedacht haben, in einigen Arten von Spielen durch denselben entschieden wird, wer von den Spielern den Anfang machen soll. Da aber hierzu nur ein gewöhnlicher, auf allen sechs Seiten bezeichneter Würfel gebraucht wird; so würde es ebenfalls unnöthig seyn, hiervon weitläuftig zu reden.

Weil die Spitzen der Queues öfters rauh und ungleich werden, oder sogenannte Bärte bekommen; so muß zu deren Verbesserung

8) Eine Raspel oder Feile vorräthig seyn; wozu jede Feile gebraucht werden kann.

9) Zur Marquiertafel kann jede schwarze Tafel, deren man sich sonst zum Anschreiben oder Anmerken bedient, gebraucht werden.

10) Der zum Abkehren und Reinigung des Billards benöthigte und dazu besonders zubereitete kleine Besen oder Borstwisch ist überall zu bekommen.

11) Die zu einem Billard erforderlichen Wandleuchter sind von verschiedener Beschaffenheit: manche von Meßing, manche von Blech; doch ist die erstere Art vorzuziehen, weil das Meßing mehr Gegenschein gibt und den Focum besser repellirt. Uebrigens sind die an der Decke oder Wand auf die Art zu befestigen, daß sie weder zu tief, noch zu hoch, und nicht so anzubringen, daß sie einen Schatten auf das Billard werfen.

12) Die Lichter sind so zu wählen, daß sie nicht dunkel brennen, keine sogenannten Räuber bekommen und bey allem hellen Scheine dennoch rathsam brennen, damit sie nicht allzuoft geputzt werden dürfen.

Viertes Kapitel.

Von der Art und Weise, wie die Bälle auf und gegen einander zu spielen sind.

Wir stoßen hier auf ein Kapitel, dessen Bearbeitung allerdings mit vielen Schwierigkeiten verbunden ist. Es ist nicht sowohl außerordentlich schwer, sondern beynahe unmöglich, einem Anfänger schriftlich eine Anleitung und Unterweisung zu geben, wie und auf welche Art er die Bälle auf und gegen einander zu spielen, und wie er sich sonst hierbey allenfalls zu verhalten habe: denn es erfordert jeder Stand der Bälle eine besondere Richtung, Lage und Stoß; und daher ist auch ein dergleichen Unterricht viel leichter auf dem Billard selbst, als mit der Feder zu ertheilen. Da wir nun aus dem Grunde nothwendig befürchten müssen, daß eine solche schriftliche Belehrung, wenn man sich auch noch so viel Mühe gibt, sich verständlich zu machen, immer noch dunkel und undeutlich bleiben werde; so hatten wir uns anfänglich vorgenommen, in dieser Anweisung nichts davon zu sagen. Weil uns aber ein Freund des Billardspiels deßfalls tadelte und behauptete, daß auf diese Art das nöthigste, nämlich dasjenige, wovon gegenwärtiges Kapitel handeln soll, darin fehle, auch aus dem Grunde unsere ganze übrige Anweisung beynahe ganz verwarf, oder doch für überflüßig erklärte; so haben wir, um auch diesem Tadel zu entgehen, es gewagt, so viel sich sagen läßt, hiervon in folgenden Regeln beyzubringen.

Es sind folgende:

Die erste Regel.

Der Ball, auf welchen gespielt wird, muß entweder gerade fortgestoßen, oder bricolirt oder duplirt oder geschnitten werden.

Die zweyte Regel.

Finde ich es unmöglich, durch meinen Stoß einen Ball zu machen, so muß ich es doch dahin zu bringen suchen, daß mein Nachfolger entweder genirt steht, oder wenigstens keine Prise erhalte.

Die dritte Regel.

Wenn der Ball, auf welchen ich spiele, preß colle' steht; so darf ich ihn nicht voll, sondern auf einer von beyden Seiten anspielen; weil ich mich außerdem versprengen, oder verlaufen oder verquetschen würde.

Die vierte Regel.

Wenn ein colle' stehender Ball duplirt werden soll; so muß er zwar voll, doch nicht allzustark gespielt werden, damit man sich nicht versprenge.

Die fünfte Regel.

Wenn der Ball colle' an einem Loche steht; so muß er jenseits und nicht diesseits des Loches angespielt werden, damit man sich nicht verquetsche.

Die sechste Regel.

Wenn der Ball nahe an dem Spielballe steht; so ist ihm nur ein ganz gelinder Stoß zu ertheilen, welches man einen Klappstoß nennt.

Die siebente Regel.

Wenn der Ball von der Bande in das Loch gespielt werden soll, so ist er zwar voll, doch nicht allzustark zu spielen.

Die achte Regel.

Ein Ball kann alsdann geschnitten werden, wenn er unweit eines Loches, der meinige aber weiter nach der andern Seite, folglich mit selbigem in gerader Linie steht.

Fünftes Kapitel.

Erklärung des Französischen Zählens bis auf 48 nebst einigen dazu gehörigen Anmerkungen.

A) Erklärung.

	heißt auf Französisch,	wird ausgesprochen.
Nichts	Point	Poeng.
Eins	Un	Uihn.
Zwey	Deux	Döh.
Drey	Trois	Troa.
Vier	Quatre	Gatter.
Fünf	Cinq	Seng.
Sechs	Six	Sihs.
Sieben	Sept	Set.
Acht	Huit	Wit.
Neun	Neuf	Neff.
Zehn	Dix	Dihs.
Eilf	Onze	Ongs.
Zwölf	Douze	Duhs.
Dreyzehn	Treize	Trehs.
Vierzehn	Quatorze	Gators.
Funfzehn	Quinze	Gengs.
Sechzehn	Seize	Sehs.
Siebzehn	Dix-sept	Dihs set.
Achtzehn	Dix-huit	Dihs wit.
Neunzehn	Dix neuf	Dihs neff.
Zwanzig	Vingt	Weng.
Ein und zwanzig	Vingt et un	Wengt ühn.
Zwey u. zwanzig	Vingt deux	Weng döh.
Drey u. zwanzig	Vingt trois	Weng troa.
Vier u. zwanzig	Vingt quatre	Weng gatter.

Fünf u. zwanzig	Vingt cinq	Weng seng.
Sechs u. zwanzig	Vingt six	Weng sihs.
Sieben u. zwanzig	Vingt sept	Weng set.
Acht und zwanzig	Vingt huit	Weng wit.
Neun u. zwanzig	Vingt neuf	Weng neff.
Dreyßig	Trente	Trang.
Ein und dreyßig	Trente un	Trangt ühn.
Zwey u. dreyßig	Trente deux	Trang döh.
Drey u. dreyßig	Trente trois	Trang troa.
Vier u. dreyßig	Trente quatre	Trang gatter.
Fünf u. dreyßig	Trente cinq	Trang seng.
Sechs u. dreyßig	Trente six	Trang sihs.
Sieben u. dreyßig	Trente sept	Trang set.
Acht und dreyßig	Trente huit	Trang wit.
Neun u. dreyßig	Trente neuf	Trang neff.
Vierzig	Quarante	Garang.
Ein und vierzig	Quarante un	Garangt ühn.
Zwey u. vierzig	Quarante deux	Garang döh.
Drey u. vierzig	Quarante trois	Garang troa.
Vier u. vierzig	Quarante quatre	Garang gatter
Fünf u. vierzig	Quarante cinq	Garang seng.
Sechs u. vierzig	Quarante six	Garang sihs.
Sieben u. vierzig	Quarante sept	Garang set.
Acht u. vierzig	Quarante huit	Garang wit.

B.) Anmerkungen.

1) Zwischen die Anzahl der Points der beyden Spieler wird die französische Præposition à gesetzt, z. E. ein Spieler hat acht, und der andere vier Points; so sagt man: huit à quatre.

2) Wenn folgende französische Zahlen:
deux, trois, vingt, trente und quarante
im Zählen vorn und also vor der Præposition à her-

gehen, so wird, (weil zwey, drey oder auch wohl noch mehrere Vocales dadurch zusammen kommen, dieses aber einen Uebelklang verursachen würde) des Wohlklangs wegen ein Consonant dazwischen gesetzt, und diese fünf Zählwörter in diesem Falle, durch den Zusatz des Buchstaben S oder T folgendergestalt ausgesprochen:

döhs, troas, wengt, trangt und garangt, also sagt man z. E. döhs à ongs, troas à ühn, wengt à sehs u. s. w.

3) Desjenigen Anzahl von Points wird zuerst gezählt, welcher zuletzt gespielt hat, wenn sie auch geringer seyn sollte, als des Gegners seine. Dieß geschieht so lange, bis der Gegner wieder etwas zählt, z. E. einer von den Spielern in Cinq-Quarambole hätte 24, der andere aber 8 Points, des letzteren Points aber wären zuletzt vermehrt worden, so zählt man: huit à vingtquatre, nicht aber: vingtquatre à huit.

Indessen hat diese Mode des Französisch Zählens, und zwar mit Recht bey uns sehr abgenommen; nur im Reich, Sachsen, und den preußischen Staaten wird es gewöhnlich gebraucht. — Wozu? ist aber wirklich nicht erklärbar!

Sechstes Kapitel.

Verzeichniß und Erläuterung der dabey vorkommenden Französischen Wörter und gebräuchlichen Deutschen Redensarten und Ausdrücke.

A.) Französische Wörter.

1) **Tourné stoßen** heißt: das Queue verkehrt in die Hand nehmen und also mit dem dicken Ende desselben den Ball fortstoßen. Dieß geschieht gemeiniglich in den beyden Fällen, wenn der Ball, mit welchem man spielen soll, entweder so weit von der Bande entfernt ist, daß man ihn mit der Hand nicht erreichen kann, oder er sich doch wenigstens in einer solchen Stellung befindet, daß man mit der Hand einen Bock zu machen und das Queue gehörig anzulegen, nicht Platz und Raum genug hat. Es ist bey jedem Spiele dem Spieler, so oft es ihm beliebt, erlaubt tourné zu stoßen, einen einzigen Fall in à la Figaro ausgenommen, welcher am gehörigen Orte angezeigt werden soll.

2) **Ein non passé**, welches nur bey en deux Statt findet, ist: wenn mein Ball nicht nur den andern Ball verfehlt, sondern auch überdieß nicht einmal diejenige Gegend, in welcher jener steht, erreicht, und mit selbigem nicht wenigstens in gerader Linie zu stehen kommt.

3) **Ein non passirter Schweizer**, welcher ebenfalls nur bey en deux Statt findet, ist: wenn mein Ball nicht allein den andern Ball verfehlt, sondern sich auch, ehe er noch diejenige Gegend, in welcher

jener steht, vielweniger ehe er mit selbigem in gerader Linie zu stehen kommt, verläuft oder versprengt.

4) Quaramboliren, welches nur bey Quarambole und Cinq-Quarambole Statt findet, heißt: wenn ich mit meinem Balle auf einen Stoß zwey, oder mehrere Bälle berühre.

5) A main seyn, welches in allen Spielen, à la Ronde ausgenommen, Statt findet, heißt: wenn ich denjenigen Ball, mit welchem ich spiele, in der Hand habe. Dieß geschieht, wenn dieser Ball entweder gemacht, oder gesprengt worden, oder der Spieler selbst oder ein anderer sich verlaufen oder versprengt hat.

6) Der Ball steht collé heißt: der Ball steht nahe an der Bande.

7) Der Ball steht preß collé heißt: der Ball steht so nahe an der Bande, daß er an selbige trifft.

8) Die Contrebille heißt: wenn der Ball von derjenigen Bande, an welche er angespielt wird, wieder zurück prallt, und dann beyde Bälle einander noch einmal treffen.

) Touchiren heißt einen Ball sehr schwach und beynahe unmerklich berühren.

10) Touche heißt also eine sehr schwache und beynahe unmerkliche Berührung eines Balles.

11) In salvo oder die Ruhe, oder auch, die Kammer, welches nur bey Quarambole, Cinq-Quarambole, à la Guerre und à la Figaro Statt findet, ist der auf der untersten Hälfte des Billards mit Kreide oder sonst etwas gemachte Querstrich.

12) Der Ball ist in salvo, oder in der Ruhe oder auch in der Kammer, heißt also: der Ball

befindet sich innerhalb des auf der untersten Hälfte des Billards mit Kreide gemachten Querstrichs.

13) Parbricole heißt so spielen, daß der Ball an einem gewissen Orte der Bande anschlägt, von derselben aber wieder zurück prallt, und bey diesem Zurückprallen des andern Ballen trifft.

14) Den Ball bricoliren heißt also meinen Ball so spielen, daß er an einen gewissen Ort der Bande anschlägt, von derselben wieder zurück prallt, und bey diesem Zurückprallen des andern Ball trifft.

15) Eine Prise nennt man, wenn der Ball an einem solchen Orte steht, daß er leicht gemacht werden kann.

16) Eine Prise setzen heißt also: seinen Ball an einen solchen Ort spielen, daß er leicht gemacht werden kann.

17) Billardiren heißt stoßen, oder spielen.

18) Ein Troiner, oder Schweizer, welcher nur in en deux Statt findet, heißt: wenn ich mit meinem Balle nicht nur des andern Ball verfehle, sondern mich auch dabey zugleich verlaufe oder versprenge.

19) Einen Ball dupliren, heißt mit meinem Balle des andern Ball von einer Seite auf die andere, oder von unten hinauf, oder von oben hinunter spielen.

20) Ein Duplett heißt also: wenn ein Ball so getroffen wird, daß er von einer Seite auf die andere, oder von unten hinauf, oder von oben herunter läuft.

21) Ein Duplett über die Hand heißt: wenn ein Ball so getroffen wird, daß er mir zur Rechten,

von einer Seite auf die andere, oder von unten hinauf, oder von oben hinunter läuft.

22) Ein Triplett, oder Kreuzduplett, heißt: wenn ein Ball so getroffen wird, daß er von einer Seite auf die andere, und von dieser wieder auf jene, oder von unten hinauf und von da wieder herunter, oder von oben hinunter und von da wieder hinauf läuft.

23) Ein Kreuzduplett, S. Nro. 22.

24) Ein Quadruplett heißt: wenn ein Ball so getroffen wird, daß er von einer Seite auf die andere, von dieser wieder auf jene, und von jener wieder auf diese, oder von unten hinauf, von da wieder herunter, und dann wieder hinauf, oder von oben hinunter, von da wieder herauf, und dann wieder hinunter läuft.

25) Acqui, oder Aufsatz, heißt derjenige Ball, auf welchen gespielt werden soll.

26) Marquiren heißt: beym Spiele selbst alle vorfallende Vortheile und Fehler und den daraus folgenden Gewinnst und Verlust genau bemerken, und laut, entweder Französisch, oder, wenn es die Spieler verlangen, Deutsch zählen, und die Partien und Marquen an der Tafel anschreiben.

27) Der Marqueur ist diejenige Person, welche beym Spielen selbst den Spielern aufwartet und sie bedient. Seine Verrichtungen bestehen darin: daß er beym Spiele selbst a) alle vorfallende Vortheile und Fehler und den daraus folgenden Gewinn und Verlust genau bemerkt, und laut, entweder Französisch, oder Deutsch zählt; b) ihnen die benöthigten Instrumente darreicht, und wieder aus den Händen nimmt; c) die gemachten oder ver-

laufenen Bälle aus den Beuteln heraus nimmt, und entweder den Spielern einhändigt, oder an den behörigen Ort setzt; d) die gesprengten oder sonst herunter gefallenen Bälle wieder aufhebt; e) sowohl die Partien, als auch die Marquen, um welche die Spieler spielen, an der Tafel genau und richtig anmerkt; f) die Lichter anzündet, putzt und auslöscht, und überhaupt g) an allem was zur Bedienung und Bequemlichkeit der Spieler gehört, nichts ermangeln läßt.

28) Eine oder mehrere Partien contre nehmen oder contrespielen, (welches nur unter zwey Spielern und nicht eher geschehen kann, als wenn jeder derselben bereits eine oder mehrere Partien verloren hat) heißt: verabreden, daß der Spieler, welcher die künftige Partie verliert, außer den Marquen, um welche gespielet, und dem Partiegelde, welches dafür bezahlet wird, für eine oder mehrere von dem Gegner bereits verlorne Partien das Partiegeld bezahlen wolle; daß mithin dem Gewinner diese Partien von seinen verlornen ab= und dagegen dem Verlierer angeschrieben werden sollen.

29) Pariren heißt wetten. So pariren bisweilen Zuschauer auf die Spielenden, indem einer behauptet, daß dieser, der andere aber, daß jener die Partie gewinnen werde. Bisweilen stellen auch die Spieler selbst, außer den Marquen, um die sie spielen, noch besondere Wetten an, welches oft auch blos um einzelner Bälle willen geschieht.

30) Quitte à deux spielen, welches nur unter zwey Spielern, wovon einer an den andern bereits etwas verloren hat, Statt findet, heißt: verab=

reden, daß sich durch die künftige Partie, der Verlust, wenn sie der, welcher bereits verloren hat, wieder verliert, entweder verdoppeln, oder, wenn er sie gewinnt, heben soll, z. B. Cajus und Titius haben mit einander gespielt; Cajus hat an Titius durch die vorhergegangenen Partien bereits 8 Gr. verloren, und jetzt nehmen sie die Verabredung, in der künftigen Partie quitte à deux zu spielen: verliert nun Cajus diese Partie aufs neue, so bezahlt er an Titius noch einmal so viel, als der vorige Verlust betragen hat, nämlich: 16 Gr. verliert sie aber Titius, so hat sich die Schuld gehoben, und Cajus ist ihm nunmehr nichts mehr schuldig.

31) Dessin, welches in allen Spielen, en deux ausgenommen, Statt findet, heißt: wenn ich auf denjenigen Ball, welchen ich machen will, nicht unmittelbar, sondern mittelbar spiele, d. i. wenn ich auf einen andern so spiele, daß ich durch diesen jenen zu treffen und zu machen suche.

32) Masque, welche in allen Spielen, en deux ausgenommen, Statt findet, heißt: wenn vor dem Balle, auf welchen ich spielen soll oder will, ein anderer Ball gerade vorsteht, und mich mithin verhindert, auf jenen zu spielen, wenn es nicht durch Dessin geschieht.

33) Einen Ball zurück treffen, oder machen, heißt: wenn mein Ball, durch den Abschlag von der Bande, im Zurücklaufen einen Ball trifft, oder auch wohl in ein Loch treibt.

34) Einen Ball visiren heißt: auf einen Ball zielen.

B.)

B) **Deutſche Redensarten und Ausdrücke.**

1) Die Ruhe, oder in ſalvo, oder auch die Kammer, S. oben A. No. 11.

2) Die Kammer, S. a. angezeigten Orte.

3) Der Ball iſt in der Ruhe oder in der Kammer, oder der Ball iſt in ſalvo, S. oben A. No. 12.

4) Ein Schweizer oder Trolner, S. oben A. No. 18.

5) Aufſatz, oder: Acqui, S. oben A. No. 25.

6) Einen Ball machen, heißt: vermittelſt meines Balls einen andern Ball in ein Loch bringen.

7) Ich bin gemacht, heißt: mein Ball iſt in ein Loch geſpielt worden.

8) Sich verlaufen, heißt: ſeinen eigenen Ball in ein Loch ſpielen.

9) Sich ausſetzen, welches in allen Spielen, à la Ronde, à la Figaro, ausgenommen, Statt findet, heißt: ſeinen Ball mit dem Queue auf einen gewiſſen Ort bringen, damit der andere darauf ſpiele.

10) Einen Ball abſpielen, heißt: mit ſeinem Balle einen an der Bande anliegenden Ball von ſeinem Orte hinweg bringen.

11) Einen Ball voll ſpielen oder voll nehmen, heißt: einen Ball gerade in der Mitte treffen.

12) Einen Ball ſchneiden, heißt: einen Ball von der Seite und gleichſam an der Spitze oder Ecke deſſelben treffen.

13) Einen Ball überſchneiden, heißt: einen Ball, welchen man ſchneidet, ſo treffen, daß er bey dem Loche, in welches man ihn ſpielen will, vorbey läuft.

14) Einen Ball sprengen, (welches nur in en deux und in à la Ronde Statt findet,) heißt: einen Ball über das Billard hinaus stoßen.

15) Sich versprengen, heißt: seinen eigenen Ball über das Billard hinaus stoßen.

16) Ein Versprenger heißt also, wenn ich meinen eigenen Ball über das Billard hinaus stoße.

17) Ein Fehler heißt: wenn ich entweder meines Gegners, oder einen andern auf der Tafel befindlichen Ball, oder überhaupt einen von denjenigen Bällen, von welchen ich einen hätte treffen sollen, nicht treffe.

18) Ein Verlaufer heißt: wenn ich meinen eigenen Ball in ein Loch spiele.

19) Ein gedoppelter Verlaufer, (welcher nur in à la Ronde und à la Figaro Statt findet,) heißt: wenn ich nicht nur meinen eigenen, sondern auch zugleich einen oder mehrere von den auf der Tafel befindlichen Bällen, entweder in Ein Loch zugleich, oder in zwey besondere Löcher spiele.

20) Er ist todt, (ein lediglich in à la Guerre gewöhnlicher Ausdruck) heißt: unter seiner Numer an der Tafel sind acht Striche marquirt, und dieser bleibt nunmehr in dieser Partie vom Spiele ausgeschlossen.

21) Der Ball steht voll, heißt: der Ball steht so, daß er in der Mitten getroffen werden muß.

22) Einsatz heißt: der zwischen dem Balle und der Bande sich befindende Raum, auf welchen man die Hand setzt, um das Queue darauf zu legen.

23) Einen Bock machen, heißt: die Hand in derjenigen Lage auf das Billard setzen, um auf sel-

bige das Queue bequem zu legen und mit diesem unverrückt auf den Ball zu stoßen.

24) Die Gabel oder der Schnabel, heißt diejenige Spitze des Queues, welche von der auf das Billard gesetzten Hand hervorragt und nach dem Balle zu, mit welchem man spielen will, gerichtet ist.

25) Der Schnabel oder die Gabel S. No. 24.

26) Ein Kicks ist, wenn das Queue im Stoßen vom Balle abgleitet und ihm diejenige Kraft nicht giebt, welche ihm der Spieler zu ertheilen gesonnen ist.

27) Bauercolle' heißt: wenn der Ball so an der Bande steht, daß zwischen beyden sich noch ein Raum befindet.

28) Gut abkommen heißt: einen Ball machen und sich dabey so setzen, daß man wieder einen bequemen und vortheilhaften Stoß, und sogar Hoffnung hat, noch einen Ball zu machen.

29) Schlecht abkommen, heißt dagegen: zwar einen Ball machen, aber sich dabey so setzen, daß man einen unbequemen und genirten Stoß, mithin auch keine Hoffnung hat, noch einen Ball zu machen.

30) Ein Lußar heißt: wenn ein getroffener Ball gleichsam auf der Tafel herumschwärmt, und also hin und her, endlich aber in ein Loch läuft.

31) Eine Saue heißt: wenn von ungefähr, entweder durch Abschlag, oder durch die Contrebille, oder auch durch unvermuthetes Dessein und dergleichen, ein solcher Ball gemacht wird, welchen der Spieler bisweilen nicht einmal zu treffen, vielweniger zu machen gesonnen war.

32) Der Marsch, welcher nur in en deux, in

Quarambole und in Cinq-Quarambole Statt findet,) wird eingetheilt in: a) Simpeln oder einfachen, b) Tripel- und c) Quadrupelmatsch. Simpelmatsch ist, wenn einer nicht die Hälfte, Tripelmatsch, wenn er nicht den vierten Theil, und Quadrupelmatsch, wenn er nicht den achten Theil oder gar nichts von derjenigen Anzahl der Points, auf welche die Partie ausgespielt wird, zählen kann. — Wie viele Points aber ein Spieler bey jeder Art von Spiele, ehe er aus den verschiedenen Arten des Matsches kommt, haben müsse, soll unten bey den Arten der Spiele genau bemerkt werden.

33) Ein Quetscher ist, wenn der Ball, auf welchen gestoßen wird, entweder colle', oder gar preßcolle' steht, und durch den Stoß, welchen er von einem andern Balle erhält, zwar von seinem Orte hinweg, jedoch an den gegentheiligen Ball anläuft und hernach wieder an die Bande zurück prallt.

34) Sich verquetschen, heißt also: wenn derjenige Ball, mit welchem ich spiele, an einen entweder colle' oder gar preßcolle' stehenden Ball dergestalt anprallt, daß jener liegen bleibt, oder wenigstens nicht weit von seinem Orte weggetrieben wird, dagegen aber diesen dergestalt zurück stößt, daß er sich bisweilen gar verläuft.

35) Der Ball ist los, heißt: der Ball steht nicht mehr an der Bande an.

36) Ein Königreich, (welches nur in en deux, bisweilen auch, jedoch nur sehr selten, in Quarambole und Cinq-Quarambole Statt findet) ist, wenn drey Personen zugleich en deux, Quarambole und Cinq-Quarambole spielen.

37) König heißt daher derjenige, welcher in den genannten Spielen allein, und mithin gegen zwey Personen spielt.

38) Verkehrt ausmachen, (ein in à la Ronde, à la Guerre und à la Figaro gewöhnlicher Ausdruck) heißt: wenn derjenige, welcher auf den letzten Ball spielt, anstatt solchen zu machen, sich entweder verläuft oder versprengt, oder jenen Ball sprengt, oder auf die Bande spielt, oder auch ihn zwar macht, sich aber zugleich verläuft oder versprengt.

39) Gut wegkommen, heißt seinen Ball an einen solchen Ort bringen, an welchem er so leicht nicht gemacht werden kann.

40) Des andern Ball anspielen, oder den Ball anlaufen lassen, heißt des andern Ball so treffen, daß man ihm dadurch eine nur ganz geringe und fast unmerkliche Bewegung ertheilt.

41) Den Ball anlaufen lassen, S. No. 40.

42) Abschlag heißt diejenige Kraft, welche die Bande oder der getroffne Ball dem an sie oder ihn anstoßenden Balle, mit welchem gespielt wird, ertheilt und ihn durch diese wieder zurück stößt.

43) Der Kessel ist das in à la Guerre auf dem untersten Theile der Billardtafel mit Kreide oder etwas anderm gemachte, die Gestalt eines halben Mondes habende Zeichen.

44) Bande halten, welches derjenige thun muß, welcher à main ist, heißt: sich bey Abstoßung des Balles so stellen, daß weder der Körper, noch ein Theil desselben, sogar bis auf den Arm, über die Ecke des Billards heraus rage.

45) Einen schleppen (ein in à la Guerre ge-

wöhnlicher Ausdruck) heißt des andern Ball an einen solchen Ort spielen, an welchem er leicht gemacht werden kann.

46) Ein Auge heißt: eine Zahl oder ein Point.

47) Sich gut setzen, heißt: seinen Ball an einen solchen Ort spielen, wo man entweder nicht leicht gemacht werden kann, oder doch durch den künftig. Stoß einen Vortheil zu erlangen hoffen kann. Daher ist ohne Erklärung abzunehmen was.

48) Sich schlecht setzen, heiße.

49) Wetten oder pariren, S. A. N. 29.

50) Sich hineinspielen, heißt: seinen Ball in die Kammer spielen.

51) Der Ball ist außen, heißt: der Ball befindet sich außerhalb der Ruhe; dagegen

52) Der Ball ist drinnen, den Ball innerhalb der Ruhe andeutet.

53) Den Ball zu dicke treffen, sagt man, wenn man den Ball nicht fein genug schneidet, oder ihn, statt zu schneiden, volltrifft.

54) Macherlohn, ein in à la Guerre gewöhnlicher Ausdruck, heißt der Gewinn, welchen derjenige erhält, der einen Ball gemacht hat.

55) Den Ball gesund treffen, heißt: den Ball richtig und so treffen, wie er getroffen werden mußte.

Siebentes Kapitel.

Ein Wort an die Zuschauer.

Die Zuschauer werden hoffentlich von selbst die Spieler in ihrem Vergnügen nicht hindern, oder stören, und eben so wenig auf irgend eine Art zu Irrungen und Streitigkeiten unter ihnen Anlaß geben. Uebrigens kann auch solches dadurch vermieden werden, wenn sie 1) um nicht im Wege zu stehen, nicht zu nahe an die Billardtafel treten; 2) indem die Spieler im Stossen sind, nicht zu nahe hinter ihnen vorbey gehen; 3) sich nicht, um keine Unordnung zu verursachen, mit den Armen, oder wohl gar mit dem ganzen Leibe auf das Billard legen; 4) besonders Abends bey Lichte nicht allzunahe an das Billard treten, um auf der Tafel keinen Schatten zu machen, weil dieß den Spielern beym Visiren sehr hinderlich ist; 5) sich enthalten ins Spiel zu reden, und 6) wenn ja ohne ihr Verschulden sich Irrungen und Streitigkeiten hervor thun sollten, lieber beyden Theilen zureden und sie auf eine gütliche und freundschaftliche Art aus einander zu setzen suchen.

Achtes Kapitel.

Allgemeine Regeln.

A) Allgemeine Regeln, welche des Wohlstandes halber zu beobachten sind.

1) Derjenige, welcher sich aussetzt, tritt allemal dem Mitspieler zur linken Hand.

2) In Ermanglung eines Marqueurs ist derjenige, welcher des andern Ball gemacht oder gesprengt hat, ihm solchen aus dem Beutel herauszulangen, oder von der Erde aufzuheben schuldig.

3) Derjenige, welcher sich während des Spiels aussetzt, hat sich nach der Gegend, in welcher sich des Gegners gemachter, verlaufner, gesprengter oder versprengter Ball befindet, zu richten und so

auszusetzen, daß der Gesellschafter nicht etwa von oben hinunter, oder von unten hinauf zu gehen genöthigt werde.

B) Allgemeine Regeln, welche beym Aussetzen zu beobachten sind.

1) Die beyden en deux Bälle werden in einen Billardbeutel gethan: aus diesem langt jeder Spieler Einen heraus, oder sie werden auf eine andere selbst beliebige Art unter die Spieler vertheilt.

2) Derjenige, welcher den mit Einem Puncte bezeichneten Ball bekommen hat, setzt sich aus.

3) Wenn aber einer von dem andern etwas voraus bekommt; so muß dieser sich aussetzen.

4) In den folgenden Spielen aber setzt sich allemahl derjenige aus, welcher die letzte Partie gewonnen hat, den No. 3. angezeigten Fall ausgenommen.

5) Das Aussetzen geschieht beym Anfange der Partie von unten hinaufwärts, im Verfolge des Spiels aber so, wie bereits oben A. No. 3. ist gesagt worden.

6) Das Aussetzen geschieht niemahls mit der blossen Hand, sondern mit dem Queue.

7) Wenn der Ball beym Aussetzen bis über die Mittellöcher wieder herunter kommt; so verliert dessen Inhaber dadurch Einen Point; doch bleibt der Ball stehen und es wird auf ihn gespielt.

8) Es steht auch dem Gegner frey, ob er das Aussetzen annehmen will, wenn der Ball über die vier Zwecken auf der Billardbande, wieder herunter gekommen ist.

9) Derjenige, welcher auf einen ausgesetzten Ball spielt, muß Bande halten.

10) Wer beym Außsetzen seinen Ball in ein Loch spielt, ist des Außsetzens verlustig, wenn der andere Theil sich außsetzen will.

11) Nach erfolgtem Außsetzen darf derjenige, welcher sich ausgesetzt hat, seinen Ball nicht weiter touchiren, sondern er hat ihn an demjenigen Orte, auf welchen er beym Außsetzen gebracht worden, unverrückt stehen zu lassen.

12) Der ausgesetzte Ball darf nicht näher nach der Seitenbande zustehen, als in derjenigen Gegend, in welcher in der obersten Bande die zwey Zwecken befindlich sind, es wäre denn, daß der Gegner dieses Außsetzen gelten lassen wollte.

13) Derjenige, dessen Ball beym Außsetzen noch nicht über die Mittellöcher hinaus passirt ist, hat das Recht, ihn mit dem Queue entweder weiter hinauf zu stoßen, oder mit selbigem ihn wieder zurück zu holen, und sich vom neuen auszusetzen.

C) **Allgemeine Regeln, welche im Spiele überhaupt zu beobachten sind.**

1) Vor Anfange des Spiels haben die Spieler sich mit einander zu verabreden: a) ob einer dem andern etwas voraus geben wolle, b) wie hoch sie in en deux, in Quarambole und Cinq-Quarambole die Partie, und in à la Ronde, à la Guerre, und à la Figaro das Dutzend Marquen, wenn sie sich deren bedienen, spielen wollen, c) ob entweder gar kein Matsch, oder nur der einfache, oder auch alle Mätsche gelten sollen, und d) bey Cinq-Quarambole, ob nur mit der einfachen oder mit allen Quarambolagen gespielt werden soll.

2) Derjenige, welcher spielt, muß allemal mit einem Fuße auf der Erde stehen bleiben.

3) Wenn die Bälle, mit welchen gespielt wird, während des Spiels aus Versehen verwechselt werden, so verliert der, so es versiehet, Einen Point, und ist zugleich des durch diesen Stoß erlangten Vortheils verlustig. In en deux setzt sich dann der Gegner vom neuen aus, in den übrigen fünf Arten von Spielen aber bleiben zwar die Bälle an den Dertern stehen, auf welche sie durch diesen Stoß gebracht werden, die gemachten aber werden wieder an ihre Stelle gesetzt.

4) Auf keinen Ball darf eher gespielt werden, als bis er ruhig stehen geblieben ist. Geschieht es aber, so ist derjenige, welcher es gethan, des durch diesen Stoß erlangten Vortheils verlustig, und in en deux setzt sich der Gegner vom neuen aus, welches letzterer auch in dem Falle zu thun berechtigt ist, wenn jener durch diesen Stoß keinen Vortheil erlangt hat. In den übrigen fünf Arten vom Billardspiele aber wird in diesem Falle eben so, wie in dem Nro. 3. angenommenen Falle, nämlich wie bey einer erfolgten Verwechslung der Bälle, verfahren.

5) Wenn beym Spiele entweder ein Spieler oder ein Zuschauer, aus Versehen, entweder mit dem Queue, oder mit der Hand, einen Ball von seinem Orte verrückt, so muß derselbe sogleich, und ehe noch fortgespielt wird, wieder auf denselben gesetzt werden.

6) Niemanden ist erlaubt, zweymal mit dem Queue auf den Ball zu stoßen. Denn wer einmal gestoßen, und den Ball getroffen, oder doch wenigstens touchirt, gleichwohl aber nicht von seinem

Orte weggebracht hat, verliert zwey Points; denn es ist für ein non passé anzusehen, mithin setzt sich in en deux der Sequer aus: in den übrigen fünf Arten von Spielen aber bleiben alle Bälle an ihrem vorigen Orte stehen, und die darauf folgenden spielen.

7) Wenn einer seinen Ball, mit welchem er gefehlt hat, im Zurücklaufen touchirt oder aufhält, so verliert er in allen Arten von Billardspielen, außer dem auf den Fehler gesetzten Verluste, noch zwey Points, weil sich dieser Ball noch hätte verlaufen können.

8) Wer dann, wenn er einen Ball gemacht hat, den seinigen touchirt oder aufhält, und also nicht abwartet, bis er selbst ausgelaufen und stille stehen geblieben ist, der wird, in allen Arten von Billardspielen, nicht nur des für den gemachten Ball zu erhaltenden Gewinnstes verlustig, sondern verliert auch noch über dieses zwey Points, weil sich der touchirte oder aufgehaltene Ball vielleicht noch hätte verlaufen können.

9) Das Sprengen hat nur in en deux und in à la Ronde Statt, in den übrigen Spielen aber wird es bestraft, wofern die Spieler vor Anfange des Spiels dieserhalb mit einander nicht verabreden, daß es Statt finden solle.

10) Wer durch allerhand Vortheile, z. E. durch Anblasen der Bälle, Bewegung oder Erschütterung der Billardtafel, oder dergleichen, entweder seinen eigenen Ball oder andere Bälle im Laufen abzuhalten, oder zu befördern sucht, verliert Einen Point.

11) Wenn einer von den Spielern, ohne der andern Genehmigung, während des Spiels, einen Ball von der Tafel wegnimmt, oder wenigstens mit

der Hand berührt, so verliert er Einen Point; thut es aber ein anderer, der in diesem Spiele mit intereßirt ist, oder ein Zuschauer, so muß in beyden Fällen der Ball wieder an seinen vorigen Ort gesetzt werden.

12) Wenn einer von den Spielern aus Unvorsichtigkeit einen Ball aufhält, so verliert er Einen Point, und der Ball bleibt stehen; geschieht es aber von einem Zuschauer, so wird der Ball wieder an seinen vorigen Ort gesetzt.

13) Wenn ein Spieler aus Versehen das Queue auf die Tafel fallen läßt und damit einen Ball berührt und von seiner Stelle rückt, so verliert er Einen Point, und der Ball bleibt stehen.

14) Wenn ein Spieler mit einer Masse, oder mit dem Tourne', oder mit der langen Masse stößt, so muß er indessen sein Queue nicht auf das Billard selbst, sondern an einen andern Ort, oder wenigstens auf die Banden legen, weil sonst ein Ball an selbigen anlaufen, und dadurch unter den Spielern Irrungen und Zwistigkeiten entstehen könnten. Wer dawider handelt, es geschehe nun zur Hinderniß der Bälle oder nicht, verliert Einen Point.

15) Wenn einem Spieler im Stoßen die Masse von dem Stabe abgeht, und der Stab in dessen Hand bleibt, so verliert er zwar nichts, doch setzt sich in en deux der Gegner aus; in den übrigen Arten von Spielen aber wird es für billardirt gehalten.

16) Wenn ein Ball beym Hinausspreugen an eine unweit des Billards stehende Person springt und dadurch wieder auf die Tafel zurückkommt; so wird es so angenommen, als wenn der Ball wirklich auf die Erde gefallen wäre.

17) Wenn ein gesprengter oder versprengter Ball an die Wand oder andere festgemachte Sachen an= fliegt und dadurch wieder auf die Tafel repoußirt wird, so ist es eben so viel, als wenn er auf der Tafel stehen geblieben wäre.

18) Wenn ein Ball in langsamer Bewegung in ein Loch fällt, so ist es gültig: bleibt er aber ein= mal stille stehen, und fällt nachgehends durch starkes Gehen oder Stoßen an die Tafel hinein, so schadet und nutzt es keinem der Spieler, sondern er wird wieder an seinen vorigen Ort gesetzt.

19) Wenn in en deux, Quarambole oder Cinq= Quarambole drey oder vier Personen mit einander spielen, und also zwey mit einander in Kompagnie stehen; so geht derjenige, welcher das Spiel ange= treten hat, sobald er verliert, davon ab, und so auch nach ihm derjenige, welcher ihn ablöst. Auf diese Art wird bis zum Ende des Spiels fortgefah= ren; es wäre denn, daß der Gegner ihren Ball unmittelbar durch seinen darauf folgenden Stoß machte, wo dann derjenige, welcher gespielt hat, vom Spiele nicht abtritt.

20) Wenn in en deux, Quarambole, Cinq= Quarambole drey oder vier Personen mit einander spielen, und mithin zwey mit einander in Compa= gnie stehen, einer von diesen beyden aber dem an= dern, entweder mit der Hand, oder mit Minen zu erkennen, oder auch wohl gar mit Worten Anwei= sung giebt, auf welchen Ball oder wie er spielen solle; so wird er um einen Point bestraft.

21) Wenn drey, vier oder mehr Personen à la Guerre spielen wollen; so sind diejenigen, welche bereits spielen, nach geendigter Partie, aufzuhören

schuldig; es steht ihnen aber frey, à la Guerre mit zu spielen. Außer diesem Falle ist einer dem andern zu weichen, nicht verbunden, es geschähe denn aus Höflichkeit.

22) Alle unter den Spielenden wegen des Marquirens, Billardirens, Quarambolirens, Touchirens, Sprengens, Versprengens, Aufhaltens und anderer dergleichen Ursachen, entstehende Streitigkeiten und Irrungen sollen vom Marqueur, oder in dessen Ermanglung, vom Billard-Inhaber entschieden werden: sollte aber einer von den Interessenten mit dessen Entscheidung nicht zufrieden seyn; so sollen nach Befinden die Umstehenden vom Marqueur oder Billard-Inhaber um die Wahrheit befragt werden, worauf es bey dem nach den Billard-Regeln gethanen unpartheyischen Ausspruche verbleiben soll.

23) Den Spielern steht es frey, sich aller vorhandenen zum Billardspiele gehörigen und benöthigten Instrumente nach Belieben zu bedienen; auch sind sie nicht verbunden, dasjenige, was daran oder davon beym Spielen verdorben oder zerbrochen wird, zu vergüten.

24) Derjenige aber, welcher aus Muthwillen, Scherz oder Ungeduld, oder auch beym Probiren etwas verdirbt, ist den Werth dafür zu erstatten schuldig.

25) Aus Ungeduld, Zorn, Unwillen, oder auch bey entstehender Uneinigkeit, auf die Billardtafel zu schlagen, wird jeder Spieler von selbst sich enthalten, weil dadurch nicht nur der Tafel selbst Schaden zugefügt, sondern auch zu noch mehrerem Verdrusse und Streitigkeiten Anlaß gegeben werden kann.

26) Derjenige, welcher beym Spielen durch das

Herausſprengen der Bälle an den Fenſtern oder andern im Billard-Zimmer befindlichen Moeublen oder Gefäßen etwas verdirbt oder zerbricht, iſt, ſo bald ihm hierbey keine Unvorſichtigkeit, Nachläßigkeit oder Uebereilung zu Schulden kommt, nicht verbunden, ſolches zu bezahlen, oder zu erſetzen.

27) Aber der Schaden, welcher dem Billardtuche zugefügt wird, muß vergütet werden: doch wird jeder Billard-Beſitzer bey der dafür zu verlangenden Schadloshaltung die Billigkeit zu beobachten wiſſen.

28) Wenn der eine ſtößt, ſo darf der andere unterdeſſen ſein Queue oder ein anderes Inſtrument, weder ganz, noch einen Theil deſſelben, auf die Billardtafel legen, damit es auf keinerley Weiſe hinderlich ſey: thut er es aber; ſo verliert er Einen Point, er habe nun dadurch den Lauf der Bälle gehindert oder nicht.

29) Ein non paſſé, ein non paſſirter Schweizer und ein Troiner finden lediglich in en deux Statt. S. Kap. 6. A. Nro. 2. 3. u. 18.

30) Das Quaramboliren hat, wie leicht zu erachten, nur in Quarambole und in Cinq-Quarambole Statt. S. Kap. 6. A. Nro. 4.

31) Der Matſch hat nur bey en deux, bey Quarambole und bey Cinq-Quarambole Statt. S. Kap. 6. B. Nro. 32.

32) Diejenigen Spieler, welche beym Billardſpielen Tobak zu rauchen gewohnt ſind, werden von ſelbſt darauf bedacht ſeyn, und alle mögliche Vorſicht und Behutſamkeit anwenden, daß dadurch der Billardtafel kein Schaden zugefügt, und ſowohl durch das Auflegen der Pfeiffenköpfe, als auch durch glü-

hende oder kalte Asche keine Löcher oder Flecken verursacht werden, weil jeder Billard-Besitzer der dafür zu erwartenden Vergütung gewiß lieber entbehren, als die Billardtafel durch Flickerey oder Flecken verunstaltet sehen wird: daher werden auch die Billard-Liebhaber es nicht übel nehmen, wenn der Billard-Inhaber, oder in dessen Nahmen der Marqueur, ohne Tobakspfeifendeckel, und mit offnen Köpfen, die Tobakspfeifen mögen seyn, von welcher Art sie wollen, zu rauchen, verbittet.

33) Derjenige, welcher à main ist, muß beym Abstossen seines Balles Bande halten

34) Wer beym Anstoßen außer seinen Balle noch einen berührt; verliert nicht nur Einen Point, sondern ist auch außerdem des durch diesen Stoß erhaltnen Vortheils verlustig.

35) Wer in Quarambole, in Cinq-Quarambole und in à la Figaro eher stößt, als die gemachten oder versprengten Bälle wieder aufgesetzt sind; verliert nicht nur Einen Point, sondern auch zugleich den durch diesen Stoß vielleicht erlangten Gewinn.

36) In allen Arten von Spielen, en deux ausgenommen, bleibt derjenige, welcher einen Ball gemacht hat, am Spiele, und spielt so lange fort, bis er keinen Ball mehr macht.

37) Wenn ein gemachter oder gesprengter Ball wieder an seinen behörigen Ort gesetzt werden soll, sich aber auf demselben bereits ein dahin gespielter Ball befindet; so wird der dahin gehörige Ball auf den daselbst stehenden sachte geworfen, letzterer an dem Ort stehen gelassen, wohin ihn dieser Wurf getrieben hat, ersterer aber an seinen bestimmten Ort gesetzt.

38)

38) Wer à main ist, darf beym Abspielen, en deux und à la Ronde ausgenommen, seinen Ball nicht weiter heraus setzen, als bis an den auf der untersten Hälfte des Billards gezeichneten Querstrich.

39) Derjenige, dessen Ball im Abstoßen den gewünschten Ball anfangs nicht trifft, solchen aber, oder einen andern, oder mehrere von den übrigen Bällen durch den Abschlag und beym Zurücklaufen trifft; verliert dadurch nichts, sondern erhält und zählt dabey eben so wohl den Vortheil und Gewinn, als wenn er ihn gleich beym Abstoßen getroffen hätte.

40) Die Art und Weise dieses Spiels überhaupt, und alle Vortheile, deren man sich dabey zu bedienen hat, sind gleich andern Spielen, durch die Uebung und die derselben zu Statten kommende Beurtheilungskraft zu erlernen. Die wichtigsten und vorzüglichsten Vortheile bestehen unter andern besonders darin: a) weder seinen eigenen, noch einen andern Ball so zu setzen, daß er leicht gemacht werden kann, b) des Gegners Ball aber entweder colle', oder preßcolle', und wenigstens so zu spielen, daß der Spieler einen schlechten und unbequemen Einsatz habe, und c) des Gegners Ball hinweg zu spielen, wenn er eine Prise hat.

Neuntes Kapitel.

Besondere Regeln.

A) Bey en deux.

a) Erklärung und Beschreibung.

1) Diese Art von Billardspiele wird En deux oder Partie blanche genennt.

2) En deux (deutsch: unter zweyen,) nennt man sie, weil gemeiniglich zwey Personen und nur mit zwey Bällen spielen; Partie blanche (deutsch: einfaches Spiel,) heißt sie, weil sie ganz einfach ist und keine Abwechslungen darin vorkommen.

3) Mithin wird diese Art von Spiele, wie oben erinnert worden ist, von zwey, jedoch auch bisweilen, wie unten umständlicher angezeigt werden soll, von drey oder auch vier Personen gespielt.

4) Die Anzahl,
5) " Größe,
6) " Bezeichnung,
7) " Benennung,
⎬ der dabey zu gebrauchenden Bälle ist bereits oben Kap. II. A. Nro. I. umständlich angezeigt worden.

8) Die Partie wird bis auf zwölf ausgespielt.

9) Wer zuerst 12 Points bekommt, hat die Partie gewonnen. Hieraus folgt, daß

10) Der Gegner selbige verlohren; mithin

11) Außer dem, um was gespielt worden, das Partiegeld zu bezahlen habe.

12) Das Partiegeld ist nach Verschiedenheit der Orte ebenfalls verschieden.

b) Von demjenigen, was wegen der Bälle und sonst überhaupt dabey zu beobachten ist.

1) Die beyden Bälle werden, beym Anfange der Partie, nicht aufgesetzt, sondern einer von den Spielenden setzt sich aus, der andere aber spielt auf desselben ausgesetzten Ball. Uebrigens ist von dem Aussetzen überhaupt bereits oben Kap. VIII. B, ausführlich gehandelt worden.

2) Sobald sich einer von seinem Gegner auf einmal wenigstens zwey Points zu gute zählen kann; setzt er sich vom neuen aus.

c) Von dem dabey zu erlangenden Gewinn oder zu leidenden Verluste.

α) **Vom Matsche.**

1) Wenn alle Mätsche gelten, so hat derjenige, welcher noch nicht sechs Points zählt, den simplen; wer drey zählt, Tripel, und wer gar nichts zählt, Quadrupelmatsch verloren.

2) Wer etwas voraus bekommen hat, muß, ehe er aus dem einfachen Matsche kommt, zu 6 auch noch die Hälfte von der voraus erhaltenen Anzahl zählen können, z. E. wer 2 voraus bekommen hat, muß 7, wer 4 bekommen hat, 8 Points u. s. w. zählen können, und so nach arithmetischer Progression in den übrigen Mätschen.

β) **Vom Gewinne.**

1) Wer des andern Ball macht, gewinnt zwey Points.

2) Wer des andern Ball sprengt, gewinnt ebenfalls zwey Points.

γ) **Vom Verluste.**

1) Wer fehlt, verliert einen Point.

2) Wer nicht nur fehlt, sondern auch nicht einmal diejenige Gegend, in welcher der andere Ball steht, erreicht, und mit selbigem in gerader Linie zu stehen kommt; mithin ein non passé macht, verliert zwey Points.

3) Wer des andern Ball zwar trifft, sich aber dabey verläuft, verliert zwey Points.

4) Wer des andern Ball zwar trifft, sich aber dabey versprengt, verliert zwey Points.

5) Wer des andern Ball zwar macht, sich aber dabey verläuft, verliert zwey Points.

6) Wer des andern Ball zwar sprengt, sich aber dabey verläuft, verliert zwey Points. Beyde Fälle Nro 5 und 6 werden Verläufer genannt.

7) Wer des andern Ball zwar macht, sich aber dabey versprengt, verliert zwey Points.

8) Wer des andern Ball zwar sprengt, sich aber dabey versprengt, verliert zwey Points. Beyde Fälle Nro 7 und 8 heißen Versprenger.

9) Wer des andern Ball zwar trifft, dabey aber seinen Ball auf die Bande spielt, verliert zwey Points, weil auf diesen Ball nicht gespielt werden kann, und es als ein Verläufer oder Versprenger angesehen wird.

10) Wer des andern Ball zwar auf die Bande spielt, sich aber dabey verläuft oder versprengt, verliert zwey Points.

11) Wer nicht nur fehlt, sondern sich auch zugleich verläuft, oder versprengt, verliert drey Points. In beyden Fällen heißt es, man habe einen Troiner oder Schweizer gemacht.

12) Wer nicht nur fehlt, sondern auch zugleich seinen Ball auf die Bande spielt, daß es für einen Troiner anzusehen ist, verliert ebenfalls drey Points. Den Grund hievon S. N. 9.

13) Wer nicht nur fehlt, sondern auch mit seinem Balle, und zwar ehe er noch diejenige Gegend, in welcher jener steht, erreicht, sich verläuft, oder versprengt, verliert vier Points. Beydes sind non passirte Schweizer.

s) Anmerkung.

Wer des andern Ball auf die Bande spielt, gewinnt und verliert nichts, weil mit diesem Balle noch gespielt werden kann.

d) **Anweisung, wie dieses Spiel auch noch außerdem von drey oder vier Personen zugleich gespielt werden könne, und was alsdann dabey zu beobachten ist.**

Weil diese Art von Spiele, wie bereits oben A. No. 3. gesagt worden, auch bisweilen von drey oder auch vier Personen zugleich gespielt wird, so ist es allerdings erfoderlich, hier anzuzeigen, worin es von der gewöhnlichen Art, wenn nur zwey Personen spielen, abweiche, und was dabey besonders zu beobachten sey. Es besteht ungefähr in Folgendem:

α) Wenn von drey Personen, d. i. ein Königreich gespielt wird.

1) Weil diese drey Personen gemeiniglich 6 Partien spielen, so spielt jeder von ihnen 2 Partien hinter einander allein, ohne mit einem andern in Compagnie zu stehen, und dieser wird so lange, als diese beyden Parteyen dauern, der König genannt.

2) In welcher Ordnung sie als Könige auf einander folgen sollen, wird vor Anfange des Spiels durch den Würfel entschieden.

3) Hieraus ist leicht einzusehen, daß, wenn z. B. diese drey spielenden Personen Cajus, Sempronius und Titius hießen, und Cajus der erste, Sempronius der zweyte und Titius der dritte König wäre, diese drey Spieler im Spiele folgendergestalt mit einander vergesellschaftet seyn würden:

a) wenn Cajus König ist, wird Sempronius u. Titius ⎫ mit ein-
b) = Sempron. = = = Cajus und Titius   ⎬ ander in
c) = Titius   = = = Cajus u. Sempronius   ⎭ Compagnie stehen.

4) Wenn und in welchem Falle aber die beyden Spieler, welche mit einander in Compagnie stehen, unter sich im Spiele abwechseln oder sich ablösen müssen, ist bereits oben Kap. VIII. C. No. 19. angezeiget worden.

5) Wenn der König die Partie verspielt, so folgt hieraus nothwendig, daß er das Partiegeld allein bezahle; verlieren sie aber seine beyden Gegner, so entrichten diese es gemeinschaftlich.

β) Wenn von vier Personen, oder en quatre gespielt wird.

1) In diesem Spiele stehen alle Mahl zwey und zwey Personen miteinander in Compagnie, welche gleichfalls nach der Kap. VIII. C. No. 19. gegebenen Anweisung, beym Spiele mit einander wechseln.

2) Sie können so viel Partien spielen, als sie wollen; doch müssen sie deren wenigstens drey spielen, weil jede Tour aus drey Partien bestehen muß, damit jeder mit den übrigen dreyen in Compagnie zu stehen komme.

3) Diese vier Spieler, welche wir zur Erläuterung der Sache Cajus, Sempronius, Titius und Mevius nennen wollen, können die Gesellschaft ungefähr folgendergestalt mit einander verwechseln.

In der ersten Partie stehen a) Cajus u. Titius ⎫
                              b) Sempron. u. Mevius ⎬ mit einander in Compagnie.
= = zweyten = a) Cajus u. Sempron.   ⎪
               b) Mevius u. Titius   ⎬
= = dritten = a) Cajus u. Mevius   ⎪
               b) Titius u. Sempron.   ⎭

4) Beyde Compagnons bezahlen das Partiegeld von den verlornen Partien, wie leicht zu erachten, zur Hälfte.

γ) Anmerkungen.

1) In beyden Arten von Spielen, sowohl im Königreiche als in en quatre setzt sich in der folgenden Partie derjenige aus, welcher die vorhergehende entweder allein, oder mit noch einem Spieler gemeinschaftlich gewonnen hat.

2) Uebrigens finden auch dabey alle oben in diesem Kapitel A. b) und c) α. β. γ. angegebene Regeln Statt.

B) Bey Quarambole.

a) Erklärung und Beschreibung.

1) Diese Art von Billardspiel führt den Nahmen: Quarambole, weil dabey sehr oft quarambolirt wird.

2) Es wird gemeiniglich nur von zwey, bisweilen auch, wiewohl sehr selten, wie Partie blanche und mit eben diesem Unterschiede, von drey oder auch vier Personen gespiele.

3) die Anzahl,
4) ⸗ Größe,
5) ⸗ Bezeichnung und Farbe,
6) ⸗ Benennung

} der dabey zu gebrauchenden Bälle ist bereits oben K. II. A. No. II. umständlich angezeiget worden.

7) Die Partie wird bis vier und zwanzig ausgespielt.

8) Wer also zuerst 24 Points bekommt, hat die Partie gewonnen.

b) **Von demjenigen, was wegen der Bälle und sonst überhaupt dabey zu beobachten ist.**

1) Mit den beyden Spielbällen setzen sich die Spieler, nach der oben Kap. VIII. B. gegebenen Anweisung aus.

2) Der Quaramboleball wird auf das in der Mitte der obersten Hälfte mit Kreide gemachte Zeichen gesetzt, und

3) Sobald er gemacht oder gesprengt worden, wieder auf seinen gehörigen Ort gesetzt.

4) Das Sprengen findet in diesem Spiele nicht Statt, wie bereits oben Kap. VII. C. No. 9. erinnert worden, sondern wird so bestraft, wie unter c) γ) angezeigt werden soll.

5) Jeder hat die Freyheit, zu spielen, auf welchen Ball er will und bey welchem er den meisten Vortheil zu erlangen hofft.

6) Wer à main ist, darf auf denjenigen Ball nicht spielen, welcher in salvo ist.

7) Wenn beyde Bälle in salvo sind, muß derjenige, welcher à main ist, dieselben von oben anspielen; trifft er aber keinen von beyden, so verliert er Einen Point, so wie überhaupt bey diesem Treffen und Fehlen alles Statt findet, was weiter unten bey c) β) und γ) angegeben werden soll.

8) Bey einem Stoße werden alle durch denselben erlangte Vortheile gerechnet und gezählt, z. E. wenn einer bey einem Stoße quarambollirt, und zugleich einen oder auch wohl gar beyde Bälle macht; so wird der auf beyde gesetzte Gewinn gerechnet.

9) Derjenige, welcher zwar durch seinen Stoß einen oder mehrere Vortheile erlangt, sich aber dabey

verläuft oder versprengt oder seinen Ball auf die Bande spielt, verliert eben so viel, als er gewonnen, wenn er sich nicht verlaufen ꝛc. hätte.

c) Von dem daher zu erlangenden Gewinne oder zu leidenden Verluste.

α) Vom Matsche.

1) Wenn alle Matsche gelten, so hat derjenige, welcher noch nicht zwölf Points zählt, den simplen, wer sechs zählt, den Tripel, wer drey zählt, den Quadrupelmatsch verloren.

2) Derjenige, welcher etwas voraus bekommen hat, muß, ehe er aus dem einfachen Matsche kommt, zu 24 auch noch die Hälfte von der voraus erhaltnen Anzahl zählen können, z. E.

wer 4 voraus bekommen hat, muß 14
  = 6   =   =   =   =   =   15
  = 8   =   =   =   =   =   16

Points u. s. w. zählen können, und so auch nach arithmetischer Progreßion in den übrigen Mätschen.

β) Vom Gewinne.

1) Wer quarambolirt, gewinnt zwey Points.
2) Wer den Spielball macht, zwey Points.
3) Wer den Quaramboleball macht, gewinnt drey Points.

γ) Vom Verluste.

1) Wer sich so aussetzt, daß sein Ball unter dem Quaramboleball zu stehen kommt, verliert Einen Point.

2) Wer beym Außsetzen den Quaramboball trifft, verliert Einen Point, weil beym Außsetzen nicht darauf gespielt werden darf; doch bleibt der Quaramboleball an demjenigen Orte stehen, auf welchen er von dem ausgesetzten Balle getrieben worden ist.

3) Wer beym Außsetzen sich verläuft oder versprengt, oder einen oder beyde Bälle macht, oder sprengt, oder auf die Bande spielt, oder auch quarambolirt, verliert, und wenn er sich auch dabey verläuft oder versprengt oder seinen Ball auf die Bande spielt, nicht mehr als Einen Point, ist aber zugleich des Außsetzens verlustig.

4) Wer fehlt, verliert Einen Point, er habe gespielt auf welchen Ball er will.

5) Wer den en deux Ball sprengt, verliert zwey Points.

6) Wer nicht nur den en deux sprengt, sondern sich auch zugleich verläuft, oder versprengt oder den Ball auf die Bande spielt, verliert zwey Points.

7) Wer den en deux Ball zwar trifft, sich aber dabey verläuft, oder versprengt, oder seinen Ball auf die Bande spielt, verliert zwey Points.

8) Wer den en deux Ball zwar macht, sich aber dabey verläuft, oder versprengt, oder seinen Ball auf die Bande spielt, verliert zwey Points.

9) Wer nicht nur den en deux Ball verfehlt, sondern sich auch zugleich verläuft, oder versprengt, oder seinen Ball auf die Bande spielt, verliert zwey Points.

10) Wer den Quaramboleball sprengt, verliert drey Points.

11) Wer nicht nur den Quaramboleball sprengt, sondern sich auch zugleich verläuft, oder versprengt,

oder seinen Ball auf die Bande spielt, verliert drey Points.

12) Wer den Quaramboleball zwar trifft, sich aber dabey verläuft, oder versprengt, oder seinen Ball auf die Bande spielt, verliert drey Points.

13) Wer den Quaramboleball zwar macht, sich aber dabey verläuft, oder versprengt, oder seinen Ball auf die Bande spielt: verliert drey Points.

14) Wer nicht nur den Quaramboleball verfehlt, sondern sich auch zugleich verläuft, oder versprengt, oder seinen Ball auf die Bande spielt, verliert drey Points.

15) Wer den Quaramboleball auf die Bande spielt, verlieret drey Points, weil auf diesen Ball nicht gespielt werden kann.

δ) **Anmerkungen.**

1) Wer des Gegners Ball auf die Bande spielt, gewinnt und verliert nichts, weil mit diesem Balle noch gespielt werden kann.

2) Wenn diese Art von Spielen, wie bereits oben in diesem Kap. B. a) Nro. 2. angezeigt worden, bisweilen von drey oder auch vier Personen gespielt wird; so verfahren sie hierbey nicht nur nach der oben Kap. VIII. C. N. 19. festgesetzten Regel, sondern auch nach der Kap. IX. A. d) α) β) ertheilten Vorschrift. Uebrigens aber finden alle vorherstehende Regeln ohne Ausnahme dabey Statt.

C) **Bey Cinq Quarambole.** (Spanische Parthie.)

a) **Erklärung und Beschreibung.**

1) Diese Art von Billardspielen führt den Nah-

men: Cinq-Quarambole, weil es mit fünf (cinq) Bällen gespielt, und dabey sehr oft quarambolirt wird.

2) Es wird gemeiniglich nur von zwey, jedoch auch bisweilen (wiewohl sehr selten, wie Partie blanche und mit diesem Unterschiede) von drey oder auch vier Personen gespielt.

3) Die Anzahl,   ⎤ der dabey zu gebrau-
4)   Größe,   ⎥ chenden Bälle ist be-
5)   Bezeichnung und Farbe, ⎥ reits oben Kap. II. A. No. III umständ-
6)   Benennung   ⎥ lich angezeigt worden.

7) Die Partie wird bis auf acht und vierzig ausgespielt.

8) Wer also zuerst 48 Points bekommt, hat die Partie gewonnen.

b) Von demjenigen, was wegen der Bälle und sonst überhaupt dabey zu beobachten ist.

1) Mit den beyden Spielbällen setzen sich die Spieler, nach der oben Kap. VIII. B. gegebenen Anweisung aus.

2) Der mit Einem Puncte bezeichnete Quarambole oder blaue Ball wird auf das in der Mitte der untersten,

3) der rothe aber auf das in der Mitte der obersten Hälfte, und

4) der gelbe auf das in der Mitte der Billardtafel mit Kreide oder etwas anderm gemachte Zeichen gesetzt.

5) Jeder dieser drey letztgedachten Bälle wird, sobald er gemacht oder gesprengt worden, und ehe

weiter fortgespielt wird, wieder an seinen gehörigen Ort gesetzt.

6) Das Sprengen findet in diesem Spiele nicht Statt, wie bereits oben Kap. VIII. C. No. 9. erinnert worden, sondern wird so bestraft, wie unten d) γ) angezeigt werden soll.

7) Jeder, welcher nicht à main ist, hat die Freyheit, zu spielen, auf welchen Ball er will, und bey welchem er den größten Vortheil zu erlangen hofft.

8) Wenn er aber à main ist; so darf er auf diejenigen Bälle nicht spielen, welche in salvo sind; mithin auch nicht auf den blauen Quaramboleball, wenn er an dem bestimmten Orte steht.

9) Wenn alle Bälle in salvo sind; so muß derjenige, welcher à main ist, dieselben von oben anspielen: trifft er aber keinen davon; so verliert er Einen point, wie überhaupt bey diesem Treffen und Fehlen alles Statt findet, was unten bey d) β) und γ) angegeben werden soll.

10) Bey einem Stoße werden alle durch denselben erlangten Vortheile gerechnet und gezählt, z. E. wenn einer durch einen Stoß quarambolirt und zugleich Einen oder mehrere Bälle macht; so wird der auf beydes gesetzte Gewinn gerechnet.

11) Derjenige, welcher zwar durch seinen Stoß einen oder mehrere Vortheile erlangt, sich aber dabey verläuft oder versprengt, oder seinen Ball auf die Bande spielt; verliert eben so viel, als er gewonnen hätte, wenn er sich nicht verlaufen, versprengt, oder einen Ball auf die Bande gespielt hätte.

12) Der gelbe darf in kein anderes, als in ein Mittelloch gespielt werden.

13) Wenn ein Spieler des Gegners Spielball macht, sich aber dabey zugleich verläuft, oder versprengt, oder seinen Ball auf die Bande spielt, daß mithin beyde Spieler zugleich à main sind; so ist die Reihe zu spielen zuerst an demjenigen dessen Ball gemacht worden ist.

14) Wenn ein Spieler durch einen Stoß einen oder mehrere von denjenigen Bällen macht, auf welche er zwar nicht gespielt, jedoch aber einen zu treffenden Ball getroffen hat; so rechnet er sich den dadurch erlangten Vortheil eben sowohl zum Gewinne an, als wenn er wirklich darauf gespielt hätte, wie es ihm auch zum Verluste angerechnet wird, wenn er bey dieser Gelegenheit sich etwann zugleich verläuft, oder versprengt, oder seinen Ball auf die Bande spielt.

c) **Von den dabey vorkommenden Quarambolagen.**

α) **Deren Anzahl.**

Der dabey vorkommenden Quarambolagen sind überhaupt vier.

β) **Deren Verzeichniß.**

Es kann nämlich:
1) auf den en deux Ball und einen Quarambolеball,
2) auf den en deux Ball und den gelben
3) auf beyde Quarambolebälle,
4) auf einen Quaramboleball und den gelben quarambolirt werden.

γ) **Deren Eintheilung.**

Sie werden in:
1) die einfache Quarambolage,

2) Die sämmtlichen Quarambolagen eingetheilt.

Wenn es nur mit der einfachen Quarambolage gespielt wird; so finden nur die beyden oben β) N. 1. und 2. angezeigten Quarambolagen Statt: wird es aber mit den sämmtlichen Quarambolagen gespielt; so gelten alle vier Arten von Quarambolagen.

Der dadurch zu erlangende Gewinn soll unter d) β) No. 1. 3. 4. und 6. genau angezeigt werden.

δ) **Anmerkungen.**

1) Wenn bey einem Stoße mehr als Einmahl quarambolirt wird; so wird nur die erste Quarambolage gerechnet.

2) Wenn ein Spieler à main ist, und der blaue Quaramboleball befindet sich an dem für ihn bestimmten Orte, gleich über diesen aber steht ein anderer Ball, welcher außen ist, und der Spieler spielt auf diesen letzteren, trifft aber auch zugleich den ersteren mit; so findet hierbey eine Quarambolage und also auch ein dadurch zu erlangender Gewinn oder zu leidender Verlust nicht Statt, weil auf denjenigen Ball, auf welchen nicht gespielt werden darf, auch nicht quarambolirt werden kann.

d) **Von dem dabey zu erlangenden Gewinn oder zu leidenden Verluste.**

α) **Vom Matsche.**

1) Wenn alle Mätsche gelten; so hat derjenige, welcher noch nicht vier und zwanzig Points zählt, den simplen, wer zwölf zählt, den Tripel, wer sechs zählt, den Quadrupel-Matsch verloren.

2) Derjenige, welcher etwas voraus bekommen hat, muß, ehe er aus dem einfachen Matsche kommt, zu 48 auch noch die Hälfte von der voraus erhaltnen Anzahl zählen können, z. E.

wer   8 voraus bekommen hat; muß = 8
 ,   12   ,   ,   ,   ,   30
 ,   14   ,   ,   ,   ,   31

Points u. s. w. zählen können, und so auch nach arithmetischer Progreßion in den übrigen Mätschen.

β) Vom Gewinne.

1) Wer auf den en deux Ball und einen Quarambóleball quarambolirt, gewinnt zwey Points.

2) Wer den en deux Ball macht, gewinnt zwey Points.

3) Wer auf den en deux Ball und den gelben quarambolirt, gewinnt drey Points.

4) Wer auf beyde Quaramboleballe quarambolirt, gewinnt drey Points.

5) Wer einen Quaramboleball macht, gewinnt drey Points.

6) Wer auf einen Quaramboleball und den gelben quarambolirt, gewinnt vier Points.

7) Wer den gelben macht, gewinnt sechs Points.

γ) Vom Verluste insbesondere.

1) Wer sich so aussetzt, daß sein Ball unter dem obersten Quaramboleball zu stehen kommt, verliert Einen Point.

2) Wer beym Aussetzen einen Ball trifft, verliert Einen Point, weil beym Aussetzen auf keinen Ball gespielt werden darf; doch bleibt der getroffne Ball an demjenigen Orte stehen, auf welchen er von dem ausgesetzten Balle getrieben worden ist.

3)

3) Wer beym Außsetzen sich verläuft, versprengt, oder einen oder mehrere Bälle macht oder sprengt, oder auf die Bande spielt, oder auch quarambolirt, verliert, und wenn er sich auch dabey verläuft oder versprengt, oder seinen Ball auf die Bande spielt, nicht mehr als Einen Point, ist aber zugleich des Außsetzens verlustig.

4) Wer fehlt, verliert Einen Point, er habe gespielt auf welchen Ball er will.

5) Wer nicht nur den en deux Ball verfehlt, sondern sich auch zugleich verläuft, oder versprengt, oder seinen Ball auf die Bande spielt, verliert zwey Points.

6) Wer den en deux Ball zwar trifft, sich aber dabey verläuft, oder versprengt, oder seinen Ball auf die Bande spielt, verliert zwey Points.

7) Wer den en deux Ball zwar macht, sich aber dabey verläuft, oder versprengt, oder seinen Ball auf die Bande spielt, verliert zwey Points.

8) Wer den en deux Ball sprengt, verliert zwey Points.

9) Wer nicht nur den en deux Ball sprengt, sondern sich auch zugleich verläuft, oder versprengt, oder seinen Ball auf die Bande spielt, verliert zwey Points.

10) Wer einen Quaramboleball auf die Bande spielt, verliert drey Points, weil auf diesen Ball nicht gespielt werden kann.

11) Wer einen Quaramboleball nicht nur verfehlt, sondern sich auch zugleich verläuft, oder versprengt, oder seinen Ball auf die Band spielt, verliert drey Points.

12) Wer einen Quaramboleball trifft, sich aber

dabey verläuft, oder versprengt, oder einen Ball auf die Bande spielt, verliert drey Points.

13) Wer einen Quaramboleball macht, sich aber dabey verläuft, oder versprengt, oder seinen Ball auf die Bande spielt, verliert drey Points.

14) Wer einen Quaramboleball sprengt, sich aber dabey verläuft, oder versprengt, oder seinen Ball auf die Bande spielt, verliert drey Points.

15) Wer den gelben Ball in ein Eckloch spielt, verliert sechs Points.

16) Wer nicht nur den gelben in ein Eckloch spielt, sondern sich auch zugleich verläuft, oder versprengt, oder seinen Ball auf die Bande spielt, verliert sechs Points.

17) Wer nicht nur den gelben verfehlt, sondern sich auch zugleich verläuft, oder versprengt, oder seinen Ball auf die Bande spielt, verliert drey Points.

18) Wer den gelben auf die Bande spielt verliert sechs Points, aus der No. 10. angegebenen Ursache.

19) Wer nicht nur den gelben auf die Bande spielt, sondern sich auch zugleich verläuft oder versprengt, oder seinen Ball selbst auf die Bande spielt, verliert sechs Points.

20) Wer den gelben trift, sich aber dabey verläuft, oder versprengt, oder seinen Ball auf die Bande spielt, verliert sechs Points.

21) Wer den gelben sprengt, verliert sechs Points.

§) Vom Verluste überhaupt.

1) Beym Verlaufen oder Versprengen ist hauptsächlich darauf zu sehen, welchen Ball der Spieler zuerst getroffen hat, als wornach der Verlust zu be-

rechnen ist. Denn z. E. wer einen Quarambolebaſſ trifft, auf beyde Quarambolebälle quarambolirt, einen Quaramboleball macht, ſich aber dabey verläuft oder verſprengt, verliert ſechs Points; oder wer den en deux Ball trifft, den gelben macht, oder in ein Eckloch ſpielt, ſich aber dabey verläuft, verliert acht Points.

2) Weil nach der oben in dieſem Kapitel bey C. b) No. 12. feſtgeſetzten Regel der gelbe in kein anderes, als in ein Mittelloch geſpielt werden darf, ſo verliert derjenige, welcher ihn in ein Eckloch ſpielt, dabey aber zugleich quarambolirt oder einen andern Ball macht, nicht nur die wegen der Caroline in dieſem Kapitel bey C. d) beſtimmte Strafe an ſechs Points, ſondern iſt zugleich nicht nur des für den gemachten Ball zu erlangenden Vortheils verluſtig, ſondern es wird auch der ihm außerdem zu Theil gewordene Gewinn ihm gleichfalls mit zu ſeinem Verluſte angerechnet, z. E. Wer den en deux Ball trifft und zugleich einen Quaramboleball macht, dabey aber den gelben in ein Eckloch ſpielt, verliert eilf Points, oder wer einen Quaramboleball trifft und zugleich auf den gelben und einen en deux Ball quarambolirt, dabey aber den gelben in ein Eckloch ſpielt, verliert zwölf Points.

Nach vorherangeführten vier Beyſpielen kann der Verluſt aller übrigen dergleichen fehlgeſchlagnen Stöße beurtheilt und berechnet werden, welche hier alle beſonders anzuführen nicht nur überflüſſig, ſondern auch zu weitläufig ſeyn würde.

e) Anmerkungen.

1) Wer des Gegners Ball auf die Bande ſpielt,

gewinnt und verliert nichts, weil mit diesem Balle noch gespielt werden kann.

2) Wenn diese Art von Spiele, wie bereits oben in diesem Kapitel bey B. No. 2. angezeigt worden, bisweilen von drey oder auch vier Personen gespielt wird; so verfahren sie hierbey nicht nur nach der Kap. VIII. bey C. No. 19. festgesetzten Regel, sondern auch nach der Kap. IX. bey A. d. α) er β) ertheilten Vorschrift. Uebrigens aber finden alle vorherstehende Regeln ohne Ausnahme dabey Statt.

D) Bey à la Ronde.

a) Erklärung und Beschreibung.

1) Diese Art von Billardspielen führt den Nahmen: à la Ronde, weil die dazu gehörigen Bälle auf der Billardtafel à la Ronde (deutsch: rund herum) gesetzt werden.

2) Die Anzahl der Spieler desselben ist willkührlich.

3) Die Anzahl,
4) – Größe,
5) – Bezeichnung,
6) – Benennung,

der dabey zu gebrauchenden Bälle ist bereits oben Kap. II. bey A. No. IV. umständlich angezeigt worden.

7) Wenn alle zwölf à la Ronde Bälle gemacht sind; so ist die Partie zu Ende.

8) Derjenige, welcher den letzten Ball macht, bezahlt das Partiegeld, wird aber dagegen von den Mitspielern durch das dafür bestimmte Macherlohn desselben dergestalt entschädigt, daß er nicht nur davon diese bezahlen kann, sondern auch noch

außerdem für ihn etwas als Gewinn übrig bleibt, wie unten bey c) d) mit mehreren gesagt werden soll.

b) Von demjenigen, was wegen der Bälle und sonst überhaupt dabey zu beobachten ist.

1) Die zwölf à la Ronde Bälle werden auf der Tafel rund herum an die Bande, nämlich an jeder Seite vier und an jeder Ecke zwey, und zwar überall an denjenigen Ort, wo sich oben auf der Bande die drey Zwecken befinden, scharf angelegt.

2) Der Laufer aber wird auf das in der Mitte der Tafel gemachte Zeichen mithin an denjenigen Ort, auf welchem in Cinq-Quarambole der gelbe steht, gesetzt.

3) Auf diesen Ort kommt auch derselbe allemahl wieder zu stehen, wenn sich ein Spieler verlaufen oder versprengt hat.

4) Wie die Spieler im Spiele auf einander folgen sollen, wird vor Anfange desselben durch den Würfel entschieden.

5) Alle zwölf à la Ronde Bälle müssen erst abgespielt werden, ehe auf einen von den abgespielten Bällen gespielt werden darf.

6) Doch hat jeder Spieler die Freyheit, sowohl beym Abspielen der Bälle, als auch in der Folge, wenn sie alle abgespielt sind, zu spielen, auf welchen Ball er will, und bey welchem er den meisten Vortheil zu erlangen hofft, und es ist genug, wenn er im ersteren Falle nur Einen von den anliegenden Bällen trifft, wenn es auch schon derjenige nicht ist, auf welchen er gezielt hat.

7) Wer auf Einen Stoß mehr als Einen Ball abspielt, ist keinesweges straffällig.

8) Gleichergestalt wird auch derjenige nicht gestraft, welcher, außer demjenigen Balle, welchen er abspielt, noch mehrere Bälle trifft.

9) Wer beym Abspielen der Bälle, sowohl den abgespielten Ball, als auch dabey zugleich einen oder mehrere Bälle, auf welche er nicht gespielt, auch sie vielleicht nicht getroffen hat, macht; erhält für jeden dieser gemachten Bälle das dafür bestimmte Macherlohn.

10) Wer auf den letzten anliegenden Ball zu spielen hat, muß so lange auf ihn spielen, bis er ihn abgespielt hat, und wenn er ihn nicht auf das Erstemahl abspielt; so muß er nicht nur für jeden Fehler den darauf gesetzten Verlust bezahlen, sondern er ist auch über dieses des Gewinns verlustig, wenn er ihn beym wiederholten Abspielen vielleicht zugleich macht.

11) Wenn ein Spieler genöthigt ist, auf einen gewissen und keinen andern Ball zu spielen, und es steht ihm auf der Bahne vom Spielballe bis zu dem treffenden Balle ein Ball im Wege; so ist ihm erlaubt, denselben bis nach vollendetem Stoße auf die Seite zu rücken, und alsdann wieder an seinen vorigen Ort zu setzen.

12) Sowohl alle gemachte als auch diejenigen Bälle, bey welchen sich ein Spieler verlaufen oder versprengt hat, bleiben bis zum Ende einer jeden Partie in dem Beutel, und die gesprengten werden gleichfalls hineingeworfen.

13) Wenn nur noch Ein à la Ronde Ball auf der Tafel ist; so wird wechselsweise mit dem Laufer

und mit dem à la Ronde Ball gespielt; doch spielt derjenige, welcher den letzten à la Ronde Ball gemacht hat, mit dem Laufer fort, und der auf ihn folgende spielt sodann zuerst mit dem à la Ronde Balle.

14) Derjenige, welcher, wenn er auf den letzten Ball spielt, sich verläuft oder versprengt, wenn er auch zugleich den Ball macht oder sprengt, hat zwar dieserhalb keinen Verlust an die Mitspieler zu bezahlen: ist aber das Partiegeld, ohne einigen von ihnen zu erhaltenden Beytrag zu entrichten schuldig. Dieß nennt man verkehrt ausmachen. S. oben Kap. VI. B. No. 35.

15) Derjenige, welcher die Partie, es sey ordentlich oder verkehrt, ausmacht, fängt in der darauf folgenden wieder an.

16) Wer auf Einen Stoß mehr als Einen Ball macht, bekommt von jedem Ball das darauf gesetzte Macherlohn; vorausgesetzt, daß er dabey Einen von den zu treffenden Bällen getroffen hat.

17) Derjenige, welcher zwar durch einen Stoß Einen oder mehrere Bälle macht oder sprengt, sich aber dabey verläuft oder versprengt, verliert eben so viel, als er gewonnen, wenn er sich nicht verlaufen oder versprengt hätte.

18) Wenn ein Spieler durch einen Stoß Einen oder mehrere von denjenigen Bällen macht oder sprengt, auf welche er zwar nicht gespielt, jedoch aber Einen von den zu treffenden Bällen getroffen hat; so rechnet er sich den dadurch erlangten Vortheil eben sowohl zum Gewinne an, als wenn er wirklich darauf gespielt hätte; wie es ihm auch zum Verluste angerechnet wird, wenn er bey die-

ser Gelegenheit sich etwann zugleich verläuft oder versprengt.

c) Von dem dabey zu erlangenden Gewinne oder zu leidenden Verluste.

α) Vorerinnerung.

Weil die Beendigung einer dergleichen Partie nicht wie die vorhergehenden drey Arten, auf einer gewissen Anzahl von Points beruht; so folgt sowohl hieraus als auch aus demjenigen, was vorher bey a) gesagt worden, nothwendig: daß der zu erlangende Gewinn oder zu leidende Verlust auch nicht nach Points berechnet werden könne, sondern daß die Spieler hierbey sich entweder einer Art von Marquen oder gleich baaren Geldes bedienen und einander sogleich nach jedem solchen Stoße, durch welchen etwas entweder gewonnen oder verloren wird, auszuzahlen, zuvor aber unter einander die Prämie oder Strafe zu bestimmen haben; doch kann denjenigen, welcher hierin einige Anleitung zu erhalten wünschen, nachstehende Gewinns- und Verlustsanzeige, welche nach Marquen berechnet ist, zur Erläuterung dienen, wobey aber zugleich vorläufig und überhaupt zu bemerken ist: daß die Spieler den angezeigten Gewinn von jedem ihrer Mitspieler zu erhalten, dagegen aber auch den bestimmten Verlust an jeden derselben auszuzahlen haben.

β) Vom Gewinne.

1) Wer einen Ball macht, gewinnt zwey Marquen.

2) Wer einen Ball auf die Bande spielt, gewinnt zwey Marquen, denn es ist so gut, als wenn er ihn gemacht hätte.

γ) **Vom Verluste.**

1) Wer fehlt, verliert Eine Marque.

2) Wer keinen von den zu treffenden Bällen trifft, verliert Eine Marque, denn es ist so gut, als wenn er gefehlt hätte.

3) Wer einen von den zu treffenden Bällen zwar trifft, sich aber dabey verläuft, oder versprengt, verliert zwey Marquen.

4) Wer nicht nur fehlt, sondern sich auch zugleich verläuft, oder versprengt, verliert drey Marquen.

5) Wer nicht nur keinen von den zu treffenden Bällen trifft, sondern sich auch zugleich verläuft, oder versprengt, verliert drey Marquen.

6) Wer nicht nur keinen von den zu treffenden Bällen trifft, sondern auch zugleich einen andern Ball macht, oder sprengt, verliert drey Marquen.

7) Wer einen Ball macht, sich aber dabey verläuft, oder versprengt, verliert vier Marquen.

8) Wer einen Ball sprengt, sich aber dabey verläuft, oder versprengt, verliert vier Marquen.

9) Wer einen Ball auf die Bande spielt, sich aber dabey verläuft, oder versprengt, verliert vier Marquen.

10) Wer keinen von den zu treffenden Bällen trifft, und dabey zugleich nicht nur einen andern Ball macht, sondern sich auch verläuft, oder versprengt, verliert fünf Marquen.

11) Wer keinen von den zu treffenden Bällen trifft, und dabey nicht allein auch einen andern Ball sprengt, sondern sich auch verläuft, oder versprengt, verliert fünf Marquen u. s. w.

δ) **Anmerkungen.**

1) Vor Anfange der Partie haben die Spieler das Macherlohn für den letzten Ball, nach Proportion des Partiegeldes und des Preises der Marquen, dergestalt zu bestimmen, daß, wie bereits oben a) No. 9. erwähnt worden, derjenige, welcher ihn gemacht hat, nicht nur davon das Partiegeld bezahlen kann, sondern auch noch außerdem für sich etwas als Gewinn übrig behalte.

E) **Ley à la Guerre.**

a) **Erklärung und Beschreibung.**

1) Diese Art von Billardspielen führt den Nahmen: à la Guerre, weil die dieses Spiel spielenden Personen gleichsam mit einander Krieg führen, indem das Französische Wort la Guerre auf deutsch Krieg heißt.

2) Die Anzahl der Spieler bey demselben ist zwar willkührlich, doch muß sie wenigstens aus drey Personen bestehen: je stärker aber die Anzahl der Spielenden ist, desto angenehmer ist auch das Spiel.

3) Die Anzahl,
4) ╴ Größe,
5) ╴ Bezeichnung,
6) ╴ Benennung,

] der dabey zu gebrauchenden Bälle ist bereits oben Kap. II. A. No. V. umständlich angezeigt worden.

7) Die Spieler machen einen gewissen selbst beliebigen Pot oder Einsatz, welcher wenigstens von jeder Person 1 Groschen betragen muß.

8) Diesen Pot gewinnt derjenige, dessen Ball noch auf der Tafel steht, wenn die übrigen Spieler alle todt sind.

b) Von demjenigen, was wegen der Bälle und sonst überhaupt dabey zu beobachten ist.

1) Die Bälle werden unter einander gemischt und in einen Beutel geworfen, aus welchem jeder von den Spielern Einen heraus nimmt, oder sie werden auf eine andere beliebige Art, oder auch durchs Loos unter die Spieler vertheilt.

2) Nach der Nummer der Bälle folgen die Spieler auf einander.

3) Wer den mit Einem Punkte bezeichneten Ball bekommen hat, muß sich daher aussetzen.

4) Auf diesen spielt No. 2, auf No. 2. spielt No. 3. u. s. w.

5) In der Continuation des Spiels selbst aber spielt jeder Spieler auf den nächsten Ball.

6) Wenn es ungewiß ist, welcher von den Bällen der nächste sey; so wird es entweder mit einem Queue oder einer Schnur ausgemessen.

7) Der Ball desjenigen, welcher à main ist, kommt nicht eher wieder auf die Tafel, als bis den Inhaber desselben die Reihe zum Stoßen trifft.

8) Wer à main ist, darf beym Abstoßen seinen Ball nicht anders, als innerhalb des Strichs setzen.

9) Das Sprengen findet in diesem Spiele nicht Statt, wie bereits oben Kap. VIII. C. 9. erinnert worden ist, sondern wird so bestraft, wie unten c) γ) angezeigt werden soll.

10) Wer auf Einen Stoß mehr als Einen Ball macht, bekommt von jedem Balle das bestimmte Macherlohn, wenn er nur zuvor den zu treffenden Ball getroffen hat.

11) Auch derjenige wird des bestimmten Macherlohns theilhaftig, welcher einen Ball zwar gemacht, aber nicht getroffen, sondern durch Desseln hineingespielt hat, wenn er nur gleichfalls zuvor den zu treffenden Ball getroffen.

12) Auf diejenigen Bälle, welche in salvo sind, darf nicht gespielt werden, es wäre denn, daß der Spieler zuvor die außer der Ruhe befindlichen Bälle gemacht, oder dabey Einen oder mehrere in die Ruhe gespielt hätte.

13) Wer nicht den zu treffenden Ball, sondern Einen oder mehrere von den innerhalb oder außerhalb der Ruhe befindlichen Bällen trifft oder macht; hat den auf einen Fehler oder Verlaufer gesetzten Verlust zu erlegen.

14) Wer den zu treffenden Ball trifft oder macht, dabey aber zugleich Einen oder mehrere von den übrigen innerhalb oder außerhalb der Ruhe befindlichen Bällen trifft oder macht; ist weder straffällig, noch auch des dadurch und für die sämmtlichen durch diesen Stoß gemachten Bälle zu erlangenden Gewinns verlustig.

15) Derjenige, welcher die Partie, es sey ordentlich oder verkehrt ausmacht; fängt in der darauf folgenden wieder an.

16) Derjenige, welcher fehlt, oder sich verläuft, oder versprengt, oder gemacht wird, hat nicht nur die darauf gesetzte Strafe oder das Macherlohn zu erlegen, sondern es werden ihm auch von dem Marqueur an der Tafel unter seiner Nummer diejenige Anzahl Striche angeschrieben, welche unten bey c) γ) bestimmt werden soll.

17) Derjenige, unter dessen Nummer 8 Striche marquirt sind, ist todt, d. i. er bleibt nunmehr in dieser Partie vom Spiele ausgeschlossen. S. oben Kap. VIII. B. 23.

18) Demjenigen, welcher à main ist, steht zwar frey, auf keinen Ball zu spielen, sondern sich in salvo auszusetzen; doch wird es ihm für einen Fehler angerechnet, mithin unter seiner Nummer ein Strich marquirt.

19) Den beyden Spielern, deren Bälle zuletzt noch auf der Tafel sind, ist es erlaubt, sich wegen des Einsatzes mit einander zu vergleichen, und solchen auf eine selbst beliebige Art unter sich zu theilen.

c) **Von dem dabey zu erlangenden Gewinne oder zu leidenden Verluste.**

α) Borerinnerung.

Weil die Beendigung einer dergleichen Partie nicht so, wie die ersten drey Arten auf einer gewissen Anzahl von Points beruht, so folgt sowohl hieraus als auch aus demjenigen, was bey a) No. 7. und 9. desgleichen bey b) gesagt worden ist, nothwendig: daß der zu erlangende Gewinn oder zu leidende Verlust nicht nach Points berechnet werden kann, sondern daß die Spieler sich hierbey entweder einer Art von Marquen oder gleich baaren Geldes bedienen, und mit solchen sogleich nach jedem Stoße, durch welchen entweder etwas gewonnen, oder verloren wird, einander auszuzahlen, zuvor aber den Preis der Prämie oder Strafe zu bestimmen haben: doch kann denjenigen, welche hierin einige Anleitung zu erhalten wünschen, nachstehende Gewinn- und Verlustsanzeige, welche nach Marquen berechnet ist, und wobey zugleich am behörigen Orte die an der Tafel zu marquirenden Striche mit angezeigt sind, zur Erläuterung dienen. Aber es ist dabey vorläufig und überhaupt zu bemerken, daß die Spieler den angezeigten Gewinn von jedem ihrer Mitspieler zu erhalten, dagegen aber auch den bestimmten Verlust an jeden derselben auszuzahlen haben.

β) Vom Gewinne.

Wer einen Ball macht, gewinnt von dem Inhaber des gemachten Balls zwey Marquen.

γ) Vom Verluste.

1) Wer fehlt, verliert Eine Marque und bekommt Einen Strich.

2) Wer gemacht wird, verliert zwey Marquen und bekommt zwey Striche.

3) Wer einen Ball sprengt, verliert zwey Marquen und bekommt zwey Striche.

4) Wer zwar den zu treffenden Ball trifft, sich aber dabey verläuft, oder versprengt, oder seinen

oder einen andern Ball auf die Bande spielt, oder solchen sprengt, verliert zwey Marquen und bekommt zwey Striche.

5) Wer nicht nur fehlt, sondern sich auch zugleich verläuft, oder versprengt, oder seinen oder auch einen andern Ball auf die Bande spielt, oder solchen sprengt, verliert drey Marquen und bekommt zwey Striche.

6) Wer den zu treffenden Ball macht, sich aber verläuft, oder versprengt, oder seinen oder einen andern Ball auf die Bande spielt, oder solchen sprengt, verliert vier Marquen und bekommt zwey Striche.

7) Wer nicht nur den zu treffenden Ball sprengt, sondern sich auch zugleich verläuft, oder versprengt, oder seinen, oder einen andern Ball auf die Bande spielt, verliert vier Marquen und bekommt zwey Striche.

8) Anmerkung.

Wer den zu treffenden Ball auf die Bande spielt, gewinnt und verliert nichts, weil mit diesem Balle noch gespielt werden kann.

F) Bey à la Figaro. (Pyramideln)

a) Erklärung und Beschreibung.

1) Diese Art von Billardspiel führt den Nahmen: à la Figaro, oder: à la Pyramide. Die erstere insonderheit, weil Figaro der Erfinder desselben seyn soll; à la Pyramide aber nennt man es aus dieser Ursache, weil die dazu gehörigen Bälle so aufgesetzt werden, daß sie gleichsam eine Pyramide formiren.

2) Die Anzahl der Spieler desselben ist willkührlich; denn es kann unter 2, 3, 4, 5, 6 und mehreren Personen gespielt werden.

3) Die Anzahl,
4) ‒ Größe,
5) ‒ Bezeichnung,
6) ‒ Benennung,

} der dabey zu gebrauchenden Bälle ist bereits oben Kap. II. A. No. VI. umständlich angezeiget worden.

b) Von demjenigen, was wegen der Bälle und sonst überhaupt dabey zu beobachten ist.

1) Die à la Figaro Bälle werden auf der obersten Hälfte des Billards dergestalt auf- und zusammen gesetzt, daß sie, wie bereits bey a) No. I. gedacht worden, die Gestalt einer Pyramide ausmachen: sie werden also in arithmetischer Progression, oder nach der Spieler Belieben, doch jederzeit so gesetzt, daß derjenige Ball, welcher die Spitze dieser Pyramide vorstellt, auf das in dieser Gegend befindliche Zeichen, und also auf den nämlichen Ort, auf welchen in Cinq-Quarambole der mit 2 Punkten bezeichnete Quaramboleball gehört, zu stehen kommt, die übrigen Bälle aber hinter demselben angesetzt werden.

2) Wie die Spieler im Spiele auf einander folgen, wird vor Anfange des Spiels durch den Würfel entschieden.

3) Wenn die Bälle noch alle beysammen stehen; so ist nicht erlaubt, Tourné darein zu stoßen.

4) Den Spielern ist nicht erlaubt, die Bälle, ehe sie darauf spielen, anzusehen, vielweniger zu berühren, oder umzuwenden, oder gar hinweg zu nehmen.

5)

5) Auf die in salvo befindlichen Bälle darf nicht eher gespielt werden, als bis kein Ball mehr außen ist.

6) Außerdem aber hat jeder Spieler die Freyheit zu spielen, auf welchen Ball er will, und bey welchem er den größten Vortheil zu erlangen hofft.

7) Jeder von den Spielern nimmt die gemachten Bälle entweder zu sich, oder legt sie an einen besondern Ort.

8) Das Sprengen findet in diesem Spiele nicht Statt, wie bereits oben Kap. VIII. bey C. No. 9. erinnert worden, sondern wird so bestraft, wie unten bey c) β) angezeigt werden wird.

9) Derjenige, welcher die Partie, es sey ordentlich oder verkehrt, ausmacht; fängt in der darauf folgenden wieder an.

10) Wenn einer à main ist und die Bälle allein in salvo sind; so wird von oben herunter gespielt.

11) Wenn ein nicht zu treffender Ball entweder gemacht oder gesprengt: oder ein zwar zu treffender par Dessein gemacht, dabey aber gefehlt, oder einer von beyden gesprengt wird, oder sich der Spieler, indem er einen zu treffenden Ball macht, entweder verläuft oder versprengt: so verfällt er nicht nur in die nach Beschaffenheit der Umstände auf das Fehlen, Sprengen, Verlaufen oder Versprengen gesetzte Strafe, sondern ist auch zugleich des Balles verlustig, denn dieser wird wieder zum Spielen auf der Tafel und zwar oben an die Bande in die Mitte, mithin an den Ort, wo sich auf selbiger die 4 Zwecken befinden, scharf angesetzt.

12) Wenn ein Spieler genöthigt ist, auf einen gewissen und keinen andern Ball zu spielen, und es steht ihm auf der Bahne vom Spielballe bis zu dem

zu treffenden Balle ein anderer im Wege; so ist ihm erlaubt, denselben, bis nach vollendetem Stoße auf die Seite zu rücken, und alsdann wieder an seinen vorigen Ort zu setzen, keinesweges aber ist ihm vergönnet, die hinter dem Spielballe stehenden Bälle, welche ihn am Einsatze hindern oder doch wenigstens geniren, einstweilen hinweg zu nehmen.

13) Wenn einer auf Einen Stoß Einen oder mehrere Bälle, sie mögen außerhalb oder innerhalb der Ruhe stehen, trifft oder macht, zuvor aber einen von den zu treffenden Bällen trifft; so wird es im ersteren Falle keinesweges für einen Fehler angesehen: im letzteren Falle aber eignet er sich die gemachten Bälle eben sowohl zu, als wenn er darauf gespielt hätte.

14) Wenn nur noch ein à la Figaro-Ball auf der Tafel steht; so wird alsdann mit diesem und dem Laufer, eben so wie in à la Ronde, wechselsweise und also gespielt, wie in diesem Kapitel bey D. b) No. 13. gezeigt worden ist.

15) Wer beym Abstoßen zuvor einen in salvo befindlichen Ball, hernach aber erst, und vielleicht durch den Abschlag, einen von den zu treffenden Bällen trifft; verfällt eben sowohl in die auf einen Fehler gesetzte Strafe, als wenn er keinen von den zu treffenden Bällen getroffen hätte.

16) Nach Beendigung des Spiels zählt jeder Spieler die Points auf seinen gemachten Bällen zusammen, und bekommt von denjenigen, welche nicht so viel Points haben, so viel, als ihre Anzahl gegen die seinige weniger beträgt, bezahlt aber an diejenigen, welchen mehr Points als er zählen können, so viel, als ihm an jener ihrer Anzahl fehlt. Wir wollen, der Deutlichkeit halber, die Sache mit ei-

nem Exempel erläutern und annehmen: daß 5 Spieler, welche wir mit A. B. C. D. und E. bezeichnen wollen, mit 24 Bällen spielen, auf diesen 24 Bällen befinden sich zusammen 300 Points. Wenn wir also den Fall setzen: daß

  A. 46.
  B. 35.
  C. 88.
  D. 76.
und E. 55.
  300. Fa.

auf seinen gemachten zähle; so ergiebt sich hieraus folgender Gewinn.

  Es gewinnt nämlich:
C von A. 42.
 „ B. 53.
 „ D. 12.
 „ E. 33.
D „ A. 30.
 „ B. 41.
 „ E. 21.
E „ A. 9.
 „ B. 20.
A „ B. 11.

  mithin

	gewinnt:	verliert:
A.	11	81
B.	—	125
C.	140	
D.	92	12
E.	29	54
	272 Fa.	272 Fa.

Nach Abzug des Verlusts und Gewinns aber
gewinnt: verliert:
  C nur 140   A. nur 70.
  D , 80   B. , 125.
  ─────────   E. ,   25.
  220. Fa.   ─────────
                            220. Fa.

17) Wenn einer auf Einen Stoß mehr als Einen Ball macht; so bekommt er von jedem, sowohl außerhalb als innerhalb der Ruhe gemachten Balle den bestimmten Gewinn; wenn er nämlich zuvor einen zu treffenden Ball getroffen hat: muß aber auch dagegen von jedem den darauf gesetzten Verlust tragen, wenn er sich dabey verläuft oder versprengt, oder auch zuvor keinen zu treffenden Ball trifft, ingleichen auch, wenn er auf Einmahl mehr als Einen Ball sprengt.

18) Wenn die Spieler einander im Spiele selbst sogleich, wegen der vorgefallenen Fehler und daher zu erlegenden Strafe, entweder mit Marquen oder baarem Gelde nicht auszahlen; so werden diese Fehler von dem Marqueur einstweilen an der Tafel unter eines jeden Namen angemerkt, und, wenn das Spiel beendigt ist, zusammen gerechnet.

c) Von dem dabey zu erlangenden Gewinne oder zu leidenden Verluste.

α) Vorerinnerung.

Weil die Beendigung einer dergleichen Partie nicht so, wie die ersten drey Arten, auf einer gewissen Anzahl von Points beruht; so folgt sowohl hieraus, als auch aus demjenigen, was bey a) und b) gesagt worden ist, nothwendig: daß der zu erlangende Gewinn oder zu leidende Verlust nicht nach Points berechnet werden könne, sondern die Spieler sich hierbey entweder einer Art Marquen oder gleich baaren Geldes bedienen, und einander sogleich nach jedem Stoße, durch welchen etwas verloren wird, einander auszuzahlen, zuvor aber den Preis der Strafe zu bestimmen haben; doch kann denjenigen, welche hierin einige Anleitung zu erhalten wünschen, nachstehende nach Marquen berechnete Verlustsanzeige zur Erläuterung dienen; wobey aber zugleich vorläufig und überhaupt zu bemerken ist, daß die Spieler den angezeigten Verlust an jeden ihrer Mitspieler auszuzahlen haben.

β) Vom Verluste.

1) Wer fehlt, verliert Eine Marque.

2) Wer einen Ball sprengt, oder auf die Bande spielt, verliert zwey Marquen; denn es ist in dem letztern Falle eben so viel, als wenn er ihn gesprengt hätte, weil auf diesen Ball nicht gespielt werden kann.

3) Wer keinen von den zu treffenden Bällen trifft, und sich zugleich verläuft, oder verspringt, oder einen von den in salvo befindlichen Bällen macht, oder einen solchen in salvo befindlichen Ball sprengt, verliert drey Marquen.

4) Wer nicht nur einen Ball auf die Bande spielt, sondern sich auch zugleich verläuft, oder verspringt, verliert vier Marquen.

5) Wer nicht nur einen Ball sprengt; sondern sich auch zugleich verläuft, oder verspringt, verliert vier Marquen u. s. w.

γ) **Anmerkungen.**

1) Wer den Laufer auf die Bande spielt, verliert nichts, weil mit diesem Balle noch gespielt werden kann.

2) Derjenige, welcher die Partie verkehrt ausmacht, verliert zwar nichts; doch hat er das Partiegeld allein und ohne einigen von den übrigen Mitspielenden zu erhaltenden Beytrag zu tragen, dagegen aber verbleibt der letzte Ball ihm zu eigen.

3) Indessen wird dieses Spiel nicht immer nach den Points oder Augen der Bälle, sondern auch öfters blos nach der Zahl der Bälle gespielt. Man erspart sich dadurch die Mühe des Zusammenrechnens und Abrechnens.

Register.

	Seite
Kap. 1. Von dem Billard-Spiele überhaupt.	1
— 2. Französische und deutsche Benennung, Beschreibung und Benutzung der dazu gehörigen und benöthigten Instrumente.	3
A. Französische Benennungen.	—
B. Deutsche Benennungen.	7
— 3. Von der eigentlichen und nothwendigen Beschaffenheit eines Billards, und der dazu gehörigen Instrumente.	8
I. Von der eigentlichen und nothwendigen Beschaffenheit eines Billards.	—
II. Von der eigentlichen und nothwendigen Beschaffenheit der dazu nöthigen Instrumente.	17
— 4. Von der Art und Weise, wie die Bälle auf und gegen einander zu spielen sind.	21
— 5. Erklärung des französischen Zählens bis auf 48. nebst einigen dazu gehörigen Anmerkungen.	24
A. Erklärung.	—
B. Anmerkungen.	25
— 6. Verzeichniß und Erläuterung der dabey vorkommenden französischen Wörter und gebräuchlichen deutschen Redensarten und Ausdrücke.	27
A. Französische Wörter.	—
B. Deutsche Redensarten und Ausdrücke.	33

	Seite
Kap. 7. Ein Wort an die Zuschauer.	38
— 8. Allgemeine Regeln.	39
A. Allgemeine Regeln, welche des Wohlstandes halber zu beobachten sind.	—
B. Allgemeine Regeln, welche beym Aussetzen zu beobachten sind.	40
C. Allgemeine Regeln, welche im Spiele überhaupt zu beobachten sind.	41
— 9. Besondere Regeln.	49
A. Bey en deux.	—
a. Erklärung und Beschreibung.	—
b. Von demjenigen, was wegen der Bälle und sonst überhaupt dabey zu beobachten ist.	50
c. Von dem dabey zu erlangenden Gewinne oder zu leidenden Verluste.	51
α. Vom Matsche.	—
β. ʼ Gewinne.	—
γ. ʼ Verluste.	—
δ. Anmerkung.	53
d. Anweisung, wie dieses Spiel auch noch außerdem von drey oder vier Personen zugleich gespielt werden könne, und was alsdenn dabey zu beobachten ist.	—
α. Wenn drey Personen spielen.	—
β. Wenn vier Personen spielen.	54
γ. Anmerkungen.	55
B. Bey Quarambole.	—
a. Erklärung und Beschreibung.	—
b. Von demjenigen, was wegen der Bälle und sonst überhaupt dabey zu beobachten ist.	56

Seite

c. Von dem dabey zu erlangenden Gewinne oder zu leidenden Verluste. 57
   α. Vom Matsche. —
   β. Vom Gewinne. —
   γ. Vom Verluste. —
   δ. Anmerkungen. 59
C. Bey Cinq-Quarambole. (Span. Parthie.) —
  a. Erklärung und Beschreibung. —
  b. Von demjenigen, was wegen der Bälle und sonst überhaupt dabey zu beobachten ist. 60
  c. Von den dabey vorkommenden Quarambolagen. 62
   α. Deren Anzahl. —
   β. Deren Verzeichniß. —
   γ. Eintheilung. —
   δ. Anmerkungen. 63
  d. Von dem dabey zu erlangenden Gewinne oder zu leidenden Verluste. —
   α. Vom Matsche. —
   β.   ,, Gewinne. 64
   γ.   ,, Verluste insbesondere. —
   δ.   ,,   ,, überhaupt. 66
   ε. Anmerkungen. 67
D. Bey à la Ronde. 68
  a. Erklärung und Beschreibung. —
  b. Von demjenigen, was wegen der Bälle, und sonst überhaupt zu beobachten
ist. 69
  c. Von dem dabey zu erlangenden Gewinne, oder zu leidenden Verluste. 72
   α. Vorerinnerung. —
   β. Vom Gewinne. —

	Seite
γ. Vom Verluste.	73
δ. Anmerkungen.	74
E. Bey à la Guerre.	—
a. Erklärung und Beschreibung.	—
b. Von demjenigen, was wegen der Bälle und sonst überhaupt dabey zu beobachten ist.	75
c. Von dem dabey zu erlangenden Gewinne, oder zu leidenden Verluste.	77
α. Vorerinnerung.	—
β. Vom Gewinne.	78
γ. Vom Verluste.	—
δ. Anmerkung.	79
F. Bey à la Figaro. (Pyramidela.)	—
a. Erklärung und Beschreibung.	—
b. Von demjenigen, was wegen der Bälle und sonst überhaupt dabey zu beobachten ist.	80
c. Von dem dabey zu erlangenden Gewinne oder zu leidenden Verluste.	84
α. Vorerinnerung.	—
β. Vom Verluste.	85
γ. Anmerkungen.	86